Spiritual Culture
青心文化

扫码获取《认识你的小孩》专业音频讲解，
加入阅读陪伴社群，实现高效精读！

在阅读中疗愈·在疗愈中成长

READING&HEALING&GROWING

认识你的小孩
教养孩子的艺术

Know Your Child —
The Art of Raising Children

〔印〕古儒吉 著（Sri Sri Ravi Shankar）

生活的艺术编译小组 译

中国青年出版社

目　录

出版序　廖碧兰

教养孩子的终极宝典

　　曾有知名的大企业家提出：若刚走上社会的新鲜人月薪不到五万元（台币）的话，可以不用存钱，应该将这些钱拿去经营人际关系，累积人脉，作为事业成功的基础。这样的论调引起广泛的讨论，虽有人反驳，却也指出人脉关系的重要。

　　作为国际知名的精神导师的古儒吉大师，早在十多年前即有先知卓见，提出了让孩子从小每天交一个新朋友的方法，不用等大学或研究所毕业才去经营人际关系。让交朋友成为最自然不过的事，而不是为了特定的目的。同时，让孩子在交朋友的过程中，可以从小展现友爱、关怀等美好的特质。

在美国哈佛大学以开"幸福课"而世界闻名、最受欢迎的人生导师塔尔·班哈夏教授，他的这门课是开放课程，在台湾也颇具知名度。在结婚并养育三个孩子后，今年他接受媒体访问，被记者问到如何是良好的教育时，他回答：灵性或精神教育、体能、人际关系、智慧和情绪等五个方面的全面关照。

这些理念在十几二十多年前，早已被古儒吉大师设计成生活的艺术全方位卓越训练课程（针对8~13岁孩子，又称为儿童万岁营），以及YES！青年活力营（对象是14~17岁青少年），已造福成千上万的孩子。国际生活艺术中心在每年的寒暑假也会举办这个儿童课程及YES！课程，借由净化呼吸法、瑜伽及游戏，将以人性价值为导向的教育理念传达给孩子。

最幸运的是，古儒吉大师将这些理念结集成《认识你的小孩》一书，让父母及师长可以完整一窥世界最先进的教养理念。感恩古儒吉大师的卓越智慧，让成千上万的孩子重拾自信与笑容，进而成为服务他人的未来主人翁。

此外，古儒吉大师还为父母与老师们设计了两种工作坊，为时各 2~3 个小时。针对小学生的称为"认识你的小孩"，而以青少年为对象的称为"认识你的青少年"，希望能给父母和师长们一些实用又独特的教养好方法。

为了完善教育制度，并实现文中所说的教育理念，古儒吉目前也从小学教育开始着力，并已在全印度创办了 383 所小学（可参考：http://www.careforchildren.org/index.html）。

当心灵祥和时，你就会得到正确的思想。

推荐序二　于小惠

抚育完美天使

常有人问我怎么教小孩？我说，我并没有教他们。可能一般人会觉得很奇怪，这是因为我和先生上了生活的艺术课程后，我们觉得很棒，也送孩子去上儿童课程，引导他们原本的智慧和美好特质绽放出来而已。

大儿子淳羽在很小的时候，就会一直敲打地板，"咚、咚、咚"，自得其乐。我发现他的节奏感不错，就送他去学打鼓，让他这项才华充分展现出来，所以他现在可以在儿童课程中热情表演，一点都不怯场。

淳羽幼小时还超爱玩办家家酒的游戏，有四桶办家家酒的玩具，每天都玩得不亦乐乎。他渐渐长大后，我就让他真正拜师学艺，戴上小厨师帽、围裙，煮出真正的料理，或者烤出美味的披萨。小小年纪，架势十足。

大女儿牧霏有很高的智慧，她非常喜欢古儒吉，会在课程中找到自己的困惑解答，也常常会有超乎年龄的惊人话语。我们做大人的总是希望孩子有礼貌，所以我也会常常言传身教对孩子们说"谢谢"，牧霏就会对我说："妈咪！你为什么要一直对我说谢谢，你要知道，我对你的爱是无条件的！"

牧霏个性沉稳，我一直把她当大人看待。灵魂和年纪是无关的，她就像一位上师住在我家。每个孩子都是独立的个体，我尊重我的每一个孩子，感谢他们选择我做母亲，我只是一个管道，他们会活出他们的价值。

我深信孩子本来就是完美的，我信任他们有自己成长的道路，做父母只需要发现、滋养他们的天赋，给予他们自由发挥的框架，放轻松和孩子共享即可。

在还没接触生活的艺术之前，我认为孩子能够快乐最重要，现在则是让孩子做自己真正想做的，即使没有走一般孩子的升学考试也没关系。我认为，真正的生命意义不是只有建立在生存的价值上，孩子有他的重大使命，他可以活出自己的价值和自我品牌。我会从艺术及生活角度引导他们，让他们接近理念相同的团体，或读经或静坐，每年的寒暑假都会让他们参加生活的艺术儿童课程，他们也都见过古儒吉了。

每当我有小小的烦恼时，我都会拿出古儒吉大师的书来读一读，这是一大享受。很高兴看到《认识你的小孩》一书出版，书中有很多教养孩子的技巧可以运用，让父母抚育出完美的天使。若有父母管教孩子，感到茫然不知如何是好时，这本书的众多理念，可以作为导航；若老师有教学挫败感时，这本书也可以作为最佳的指引。

　　我们必须在教育中灌输信心、培养宽广的视野和在生命深处扎根。

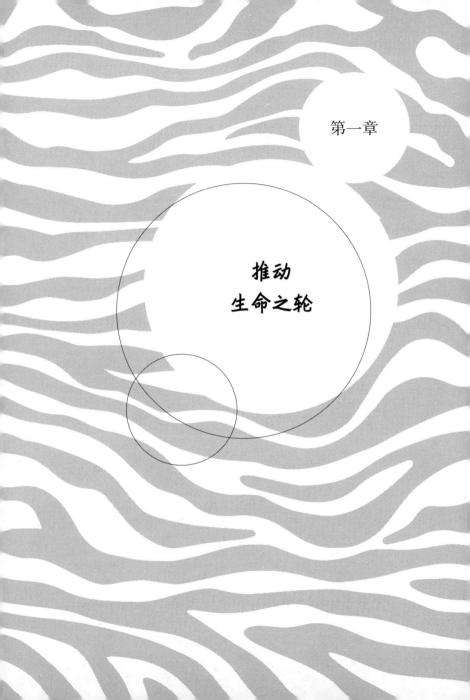

第一章

推动
生命之轮

为人父母者最应该谨记在心的，就是他们也曾经是个孩子，孩子也会像自己的父母一样经历、忍受并走出同样的混乱期。他们之所以成功地走出来，是因为他们的父母以宽宏的心量所展现的谅解、无时无刻的爱与呵护，尤其是在忧伤、艰困时，这种谅解和关爱即使在子女偶尔有激烈的反应时，仍然不会减少或退缩。这就是让他们顺利成长，日后成为一个善良又正常的人的诸多原因之一。

如今，推动生命之轮的双手已经易主。当年的孩子已经为人父母，轮到他们对子女展现同样或更大的谅解和爱了。他们需要建立和孩子之间的信任，让孩子对他们无所不谈——从学校的功课、生涯的选择，以至于和男女朋友的争吵。

在理想的情况下，老师，应该是父母在学校的延伸。多数师生关系无法启动的原因是老师对学生缺乏兴趣，或是学生对老师心怀恐惧和顾虑。关系的化解，也就是说，先伸出温暖之手的应该是老师，道理很简单，老师是长者，长者应该以身作则。

孩子始终在观察老师的一言一行，他们会效法教师大多数的言行举止。孩子做错事在家里受到父母的指责时，他们往往会为自己的错误辩解，说老师都是这么说或这么做的。

　　世界已经缩小成一个多元文化和信仰的世界。学生受完教育后，也许会到世界的任何角落工作，他需要在那个环境里舒适地工作，要做到这一点，他必须拥有一个开放和宽广的心灵，只有教育可以培养这样的特质，这些特质不会因为念了几年大学就突然地冒出来。这些特质必须在入学的第一天，就在孩子的心里播种，并在整个求学过程中，不断地滋养和灌溉。只有如此，孩子才能长成一棵强壮并具有开阔心胸的大树。这样的学生才会在狂风暴雨中屹立不摇，才会有世界一家的胸怀。这样的大树，需要父母与老师携手合作才能造就出来。

真正的教育会以非常有力的方式发展孩子的人格，确保他们与身边的每一个人和睦相处。

第二章

教育的
附加价值

当今，为人父母者，无不希望自己的子女长大后成为有良好教养，并具有人性价值的人。如果你问现在的孩子有几个朋友，他们会伸出一只手，扳着手指头数一、二、三、四、五就完了，不会超过五根手指头。如果孩子不懂得和班级里的四五十个同学做朋友，长大后如何友善地对待地球上的60亿人口（注：截至2020年2月，全球人口为75亿）？孩子心中喜欢交朋友的根本倾向，在追求自私自利的教育的过程中丧失了。

现在是我们迫切需要集思广益的时候，找回传统教育的核心价值：尊敬、荣誉和诚实。现今所需的是能培养宽广心灵和温暖人性的教育。如果你只是获得高等学历，却鄙视别人，这样的教育是毫无意义的。一个真正受过良好教育的人，应该是一个与众人为友、具有慈悲心，并在人群中甘于默默无闻的人。过时的原则、理论、教育制度和传授知识的方法，需要经历一次变革。今天的学生不需要再背诵"九九乘法表"。

如果小学、中学和大学里仍然因袭陈旧的教育方法，无异于浪费老师和学生的时间。在计算机化的时代，学生只需要按一个键，就可以查出完整的历史资料。然而，学生却要花好几小时的时间，记诵事件的年代，每天背着沉重的书包，装满一些与生活无关紧要的课本。等孩子进入大学时，他已经被折磨得精疲力竭了。

我们需要提升孩子的学习能力，让他们消化得更多、了解得更多，而不是只用一大堆不需要的信息轰炸他们。遗憾的是，我们在提升意识的能力上一无所为。创意的教学法可以帮助孩子树立人格，创意的运动和古老的技巧，例如，静心、瑜伽和调息法应该列为孩子学习过程的一部分，教育制度应该能预防学生产生狂热执迷。一个正确的教育必须培养自由而不执着的心灵，既不为过去感到愤怒，也不为未来担忧。

良好的教育制度必须灌输自尊和创意，我们必须在教育中灌输信心、培养宽广的视野和在生命的深处扎根。每一个教育工作者都要深思一个整体的、健康的教育制度，一个可以保留我们与生俱来的美德和人性价值的教育制度。教育必须要关照人类生活的每一个层面，关键在于融合古老的技巧和现代化的创意，只有能滋养人类内在美德的教育，才能传授真正的智慧。

一个受过教育、个性坚强且人格绽放的人，应该有能力在一切都分崩离析时仍然欢笑。

第三章

父母的角色

一、多元化的活动

孩子需要接触多元化的活动，这个工作必须在孩子小时候就进行。他们需要接触科学、艺术以及可以开发他们所有能力的活动，例如，社会服务。学校可以在星期天带领同学分送巧克力给穷困的儿童，或者每年举办一两次对象为贫困人口的社会服务，这些活动可以提升他们的人格。

印度掌管智慧与学习的莎拉瓦蒂女神（Saraswati），是一个不可思议的女神。莎拉瓦蒂女神手上握着一个乐器、一本书和一串念珠。书本象征掌管科学的左脑、乐器象征掌管艺术的右脑、念珠则代表静心。科学、艺术和静心三者合一，才能构成一个完整的教育，兼具这三种条件的人才能够接受教育和文明的洗礼。因此，音乐和瑜伽是孩子教育的要素。

二、科学素养

老师应该培养孩子对科学的兴趣，并鼓励他们勇于发问。孩子通常在 3 岁时就开始发问，他们往往提出一些让父母不知如何回答的问题，让父母感到诧异，并开始沉思他们早已司空见惯的现实。因此，培养孩子对科学的兴趣是教育中非常必要的一件事。

三、不同年级的互动

老师应该鼓励孩子与不同年龄段的团体互动，包括低年级、同年级和高年级的孩子，这对于孩子的优越感或自卑感、内向或外向的个性有很重要的影响。不同年龄段的互动可以把孩子塑造成一个非常平衡、才华横溢、有弹性且免于各种心理情结的人。有自卑感的孩子比较喜欢和低年级的孩子互动，他们会避免与高年级甚至同年级的孩子互动。有优越感的孩子会避开低年级的孩子，只想与高年级的孩子交往。这两种情结都会阻碍良好的沟通，父母可以教导他们沟通的技巧，学习良好的沟通技巧对他们非常重要。

四、孩子与瑜伽

所有的孩子都应该拥有自己渴望的梦想，有梦想的孩子才会追求人生的目标。老师应该引导他们朝着服务社会和国家的方向成长，让他们成长得更强壮，能够引发改变，进而让世界变得更加美好。孩子应该练习调息法（pranayama），因为调息法可以让他们更专注。在额头上涂檀香糊（chandan）可以活化孩子的脑下垂体，带来心灵的平静和记忆力的改善。孩子应该学习十句左右的经文（shlokas），并且要每天诵念，做瑜伽可以让孩子变得快乐、健康、灵活和聪明。此外，孩子也该练习静心，早晨和睡前吟唱活泼轻快的巴将（bhajans）。这些都是让孩子免于压力的简易方法。

一个不调皮捣蛋的孩子如何拥有愉快的童年？孩子应该在毫不紧张的情况下，很有自信地畅所欲言。经常打架闹事的孩子，应该让他们从军，如果他们非打不可，让他们去为国家打仗。孩子不应该彼此打架，他们应该和睦相处，学习彼此分享。

五、乐趣与沉闷

孩子在每星期开始和结束时的感受，显示了他们成长的程度，以及他们在学校和同学相处的情形。有的孩子每天盼望周末赶快来，有的却迫不及待地想在星期一回到学校。学校没有乐趣时，他们就会期待在周末出去玩耍。他们也许会感觉学校没有自由，这就是让他们认为学校不好玩的原因。当他们的心被强迫去做某些事情时，就会变得沉闷无趣。过一段时间以后，他们就会不喜欢原本打算学习的事物。老师只要做一点变化，就可以摆脱这种沉闷感。孩子会喜欢阅读一些课外书籍，阅读这类书籍既有趣又可以增加见闻。

六、师生之间的情谊

老师不只是一个授业者，还是一位与学生偕伴同行的人。授业者和老师的差别在于，授业者往往只说不做，老师却要以身作则、以身教活出他的教诲。学生遭遇任何无法处理的事情时，都可以请教他们的老师。老师等待学生前来求教，并主动伸出援助之手。老师的善意也有行不通的时候，当学生裹足不前时，老师就会感到尴尬。为了避免这种尴尬，老师会等待学生主动求教。

学生也应该试着从老师的角度看事情。比如说，想象自己是一位老师，正在教导一个有 20 名学生的班级。他该如何管理这些学生？这时候，他就会发现老师并非冷酷无情，反而能感受到老师的温暖。即使老师不够温暖，如果他有足够的热情，也一样能让老师温暖起来。学生只要跟老师交谈，就能感受到一股亲近感和归属感，这会使学习的气氛产生很大的变化。我们念书时，从一年级开始就对老师有很深的感情，每天都送鲜花和其他礼物给老师。我们对老师有一份很亲密的感情，寒暑假都巴不得早点开学，想看到他们。我们也会在寒暑假跑到老师家里，只为了找他们聊聊天。

老师帮助学生发展健全的人格，让学生的潜能完全绽放，学生大可抛弃自己有意识或无意识设下的压抑或围墙。

七、同学的友谊

每天认识一位新朋友可以让学校生活充满乐趣。一个班级也许有二三十个同学，同学之间都能建立友善和亲密的关系吗？恐怕不尽然。如果孩子不能和班上的每个同学建立友善的关系，走上社会以后，又怎么可能和全世界的人和睦相处呢？孩子交友的能力非常有限，学校是提升这种能力、让他们认识许多同学和朋友的地方。如果孩子决定每天或每星期交一个新朋友，他们内在的某些特质就会绽放，这才是真正的教育。真正的教育会以非常有力的方式发展他们的人格，确保他们与身边的每一个人和睦相处。

造成孩子无法与每个人和睦相处的原因是什么？是他们对别人看法的顾虑。如果孩子有这样的顾虑，他们就该走出去跟那些人握手、谈话，试着克服这种心理障碍。这种障碍是他们自己造成的，应该一开始就加以跨越，否则就会在孩子长大后变得更加牢固。友善的能力是可以培养的，这是一件非常美好的事情。他们应该不要顾虑别人对他们主动示好会有何看法，是否会打招呼，会有所回应，不要一直想着别人的看法、认可和反应，或者害怕自己受到伤害或失去自尊。孩子应该抛开这些想法和怀疑，主动和不认识的人打招呼、做朋友，这么做可以让他们的人格绽放。孩子可以写日记，每天做记录，算算看这一年里交了几个朋友。地球上有几十亿的人口，而我们终其一生能认识或碰面的只不过几百人或几千人而已。在这些认识的人里，谈过话的只有少数几个；谈过话的人里，能成为朋友的就更少了。

八、归属感

孩子在学校里会玩许多游戏，有一种游戏是交换姓名。两个同学彼此交换姓名三个星期，这个游戏让他们玩得不亦乐乎。同学之间应该充满了爱，彼此之间有份一体感，孩子有这种能力。他们应该对全校的老师有一份亲密感，师生之间彼此有一份归属感，对学校有感情，而不只是把学校当作一个公共设施。学生应该在所有的团体、不同的年龄层和所有的文化里感到自在。这种自在感会让他们成长，会使他们的心智、理智和感情成长为一个完整的人格。如果教育能考虑到这些因素，学生的生活就会变得更加充实。

九、团体的内部支持

老师应该让孩子学习支持团体里的弱势者，如果每个孩子都能帮助那些在游戏和学习上落后的同学，这些同学就不会有处于弱势的感觉。假如足球队里有一个球员表现很差，其他球技好的队友一起支持他，这个球员就会忘记自己的弱点，他会感觉自己很强壮，虽然实际上并非如此。以后当这个球员看到有人失败时，也会给予支持。如果其他球员也抱着同样的态度，这个失败的球员就会在需要时，得到所有人的支持。没有人需要别人的同情和慈悲，他们想要的是别人的友善。即使在给予支持时，也不要让接受支持的人感觉出来。

我要讲一个波斯智者的故事。有一次，这位智者掉进河里，后来被一个朋友救了起来。事情过后，这个朋友不断在智者面前提这件事，说自己当初如何救他，他要提醒智者不要忘记他的救命之恩。最后，这位智者感到很挫折，把朋友带到当初自己溺水的地方。智者对他的朋友说，他要跳进河里，叫朋友不要救他，他要自己救自己，免得以后他天天把这件事挂在嘴边。这个故事提醒我们，学生不可因支持朋友而企图获益，这是他们不愿伸出援手的主因。应该只是以非常友善的态度对待要帮助的人即可。对待害羞的人，就应该与他们做伴，这是对别人敞开自己的好方法。

十、非机械式的反应

每个人都像一部机器一样，有人按一个钮就暴跳如雷，另一个人按另一个钮，又有别的反弹。他们变成像一部可以预测的机器。学生应该要出人意料，这样的生活才会充满乐趣，无论校内或校外，每天都会充满乐趣。学生的心情感到清新、轻松和快乐时，即使只读过一次的功课，也会有非常好的表现。

十一、欢笑

另一个重点是欢笑，在任何情况下都能够欢笑的能力。当学生感觉考试成绩不理想时，他就该做一个决定，就是当不及格已经公布时，第一件要做的事就是欢笑。不管考试及格与否，学生都要决定让自己欢笑。如此一来，他就解除了条件反射动作。我在印度开办了个儿童课程，要求孩子做七个宣誓。第一个就是欢笑。我花了一整个月的时间，让他们奉行这七个宣誓。有的孩子从楼梯上摔下来时，第一件事就是欢笑，即使身边的一切都分崩瓦解了，他们所做的第一件事还是欢笑。孩子们非常享受这个课程，课程的重点在于让他们欢笑，不管发生任何事情。有了这种能力，你就能完成生命中更深层的事物。当一切顺遂时，能够欢笑没什么了不起，每一个人都能做到。然而，一个受过教育、个性坚强且人格绽放的人，应该有能力在一切都分崩离析时仍然欢笑。这么做的原因是，欢笑能带来处理任何情况的能力，这个训练应该连续做一个月的时间。即使有人羞辱你，你的第一个反应应该是——欢笑。

当学生把问题当作对自己的挑战时，他就会有能力解决任何问题。问题和挑战之间的差别何在？当某件事被视为问题时，学生就变成了问题的一部分，而不是解决问题的一部分；当某件事被视为挑战时，学生就变成了克服挑战的一部分，而不是问题。一个挑战就是一次冒险，冒险是什么？冒险难道不是问题吗？学生喜欢从事登山或类似的冒险之旅。学生就是那种会从事许多冒险活动、具有冒险精神的人。

有些学生非常顽皮，但调皮是一件好事。老师或家长也许经常告诫他们不可以调皮捣蛋，但是他们应该要如此，他们应该拥有这种乐趣，他们的人格会因此绽放。然而，不可以为了这种乐趣而伤害别人。

十二、科学与艺术

学生要用功学习科学和艺术两种课程。如果一个孩子比较偏爱艺术课，他就应该努力培养对科学的兴趣，参观科学博物馆可以引发这样的兴趣。同样地，如果孩子太偏重于科学，就要鼓励他培养对音乐、绘画、雕刻等艺术活动的兴趣。培养学生对音乐的喜爱并不困难，因为孩子天生就具有艺术倾向。这方面，男孩需要的鼓励要比女孩多一些，女孩天生就比较偏爱艺术。

老师还要安排学生多从事一些可以付出，而不是只强调获取或占有的活动。

十三、给家长和老师的叮咛

如果孩子无法专心课业，师长应该多注意以下几点：

1. 饮食：孩子的饮食要均衡，饮食的均衡与否会产生很大的差异。

2. 运动：这是基本的，缺乏运动会影响孩子的血液循环，变得比较懒散，不想用功读书。做一些肢体活动，如瑜伽、调息法和静心都是必要的。此外，也可以让他们参加一些唱游活动。身体的某些需要将能得到满足，进而就能提升学习和记忆的能力。他们读书时会比较专心，并在短期间内进步较大。

第四章

亲子教育
——双向的旅程

要我谈亲子教育是一件很困难的事，我没有经验，但我有一些来自观察的心得，你们要根据自己的经验做判断。

一、如果你很讲究秩序，孩子就会把你搞得天下大乱，孩子最擅于打破你的疆界

我记得小时候，我有一位很严格的叔叔，他常管教我和妹妹。当他有了儿子后，他的儿子开始教导他，这个堂弟打破了他定下来的所有规矩。因此，你的孩子会教你许多别人无法教你的事。父母要做的第一件事，就是观察孩子，孩子的倾向和他正在发展的方向。亲子教育是一个双向的过程，你想跟孩子学习些什么？你想教孩子些什么？不要把你的愿景强加在他们身上，跟他们分享你的愿景。如果他们的愿景是错误的，想办法说服他们。每个孩子都带着某些无法改变的倾向和习性来到世间，孩子后天学到的某些习惯是可以控制的。亲子教育是个大练习，如果你是非常有纪律的人，孩子就会在你的生活里制造混乱，打破你设下的障碍。

二、父母需要有很高的敏感度，这一点一定要牢记在心

如果你教导孩子不要撒谎，却叫孩子在电话里说你不在家，这样的教育是没有效的。父母当着孩子的面吵架就更糟了，如果你想和配偶吵架，最好叫孩子帮忙做点事，把他们打发出去以后再大吵一顿。孩子回来时，你们最好休兵言和。

三、父母通常有鼓励孩子不要与人分享的倾向，要他们紧守着东西

当这种倾向超过某一限度时，我们就会感到窒息，这种倾向会阻碍孩子的成长。微小的行为足以反映出一个人的人格，我们在鼓励孩子给出和分享的同时，就可以发展他们的人格。因此，父母可以有很多方法修正孩子后天习得的人格，但你无法改变与生俱来的习性，孩子一定会有这些。我们必须分辨这两个层面，这就是智慧。如果能做到这一点，你的工作就完成一半了。另外一半不是你能够掌控的。整个亲子教育的过程都在教你学习忍耐和毅力，引导孩子朝着正

确的方向前进。

四、给孩子一个梦想，鼓励孩子朝着梦想前进，这是父母要面对的最大挑战

五、我要你们做一个练习——告诉你旁边的人说："我不信任你。"

如果坐在旁边的是你的配偶，这是你最好的机会（听众爆发出笑声，经过一段时间后，即使古儒吉再三要求，他们都说不出口）。你们无法很正经地说出这句话，现在明白当面说你不信任一个人有多么困难了。对一个人说你信任他很困难，说你不信任他却更困难。你们明白了吗？你们注意到自己刚才做了一件从未做过的事吗？当你对别人说不信任他时，你就开始笑了。你以前发生过这种事吗？孩子的天性就会信任别人，却因为某些原因被破坏了。我们需要探讨这个现象，孩子信任自己吗？孩子对自己有足够的信心吗？

一个健康的孩子会信任人性的善良与信任自己。一个健康的孩子不会认为每个人都是小偷或坏人，他不会有这种恐惧症。一个健康的孩子知道人是善良的，一个健康的孩子信任自己，这种信任会让一个孩子变成天才。信任是打造一个有才华和天才儿童的要件，教养孩子的目的，就是把他们这些倾向引发出来。

如果你不断地对孩子说每个人都是骗子，孩子就会对身边的人，甚至整个社会失去信任。他们的人格、天赋和沟通技巧就会萎缩，与别人的互动就会吃很多苦，他们会变成不成功的商人、不成功的专业人士和不成功的艺术家。他们也许拥有才华，但一旦他们对人、事、物的信任被拿掉后，这就是必然的结果。有许多年轻人想创业，但他们并不成功，你们知道为什么吗？原因就在这里。他们既不信任人性的善良，也不信任自己，为人父母者必须在孩子身上培养这种信任。

当孩子在你面前抱怨时，你会鼓励他们吗？你会怎么做？你会鼓励孩子的负面思想吗？或者，你会把他朝着正面的方向引导？你必须扮演一个平衡者的角色。孩子对你说某某人很好、某某人不好时，你必须指出他的错误，把他带回平衡点。当他受了某人的影响，而你知道那个人的习惯不好，这时候，你就必须说一些负面的事情。但如果孩子告诉你某个人的负面事情时，你就要指出那个人正向的一面。因此，当孩子太过于偏左或偏右时，你必须做出平衡的行为。你们同意我的说法吗？环境的氛围是我们创造的。如果我们创造信任的氛围，在这种氛围下长大的孩子就会变得聪明活泼。如果我们创造负面、不信任或沮丧的氛围，他们就会把同样的情绪反应或反弹到我们身上。我要教你们一个练习，每天都做这个练习。当你们下班回家看到孩子时，要做的第一件事就是跟他们拍手、游戏和欢笑。刚开始的一两天也许会觉得很做作，但一段时间后，你们的亲子关系就会发生一个突破。尽可能和家人一起用餐，或者至少每星期3~4次。用餐时，不要诉说他们的不是，不要给他们食物的同时又破坏他们的心情，责备孩子的时间，绝对不是在用餐时。

闭上眼睛，30秒的时间。想象每一个人都说他们不信任你，想象没有一个人信任你。你有什么感觉？（30秒过后）睁开眼睛。很糟、伤心！很不快乐！这就是我们创造出来的氛围。"我不信任你，我不信任你。"创造一个健康的氛围需要一番努力。我了解孩子不是你们生活的全部，你们还有好多别的事要做，要与许多人互动。当你无法掌控自己的心境时，你就很难只是为了孩子而创造一个心境或氛围，但我们需要努力。

让我们很快地复习一遍：

1. 每星期至少 3~4 次与孩子一起共进晚餐，不要在用餐时指出他们的错误或责备他们，让他们开心地用餐。

2. 不要在他们人格发展的过程中制造代沟，孩子必须与长辈和晚辈互动，赋予他们照顾晚辈的责任和服侍长辈的义务，这么做就能弥补代沟的隔阂。

3. 让他们参加一些可以为人群做贡献的活动，孩子应该学习付出，而不只是一味地获取或占有。我们需要一再地灌输孩子这种观念，从小事情着手，不需要什么庞大的计划。

4. 注意培养孩子的信任感：信任自己、信任别人的善良。当孩子说"我做不到"的时候，鼓励他们，告诉他们说："你一定能做到。"信任人性的善良，说故事或世界上发生的好事给他们听，不要只说负面的事，在不信任和恐惧中成长的孩子，长大后就会有恐惧症，人格就会萎缩，永远没有机会绽放，在社会上也不会是一个良好的沟通者。

信任社会，做一些小仪式就可以为孩子创造信任的氛围，让他们坐着做一些唱诵，点根蜡烛或一盏灯，叫他们剖开一颗椰子，让超自然的业力果报（sanskara）观念，在他们心中扎点根是重要的。对未知力量的信心，会对他们的生命产生深远的影响。不过不要太多，一点概念就好，让孩子读一些经文，这些活动都有助于发展他们的人格。

5. 当孩子对朋友有非常正面的看法时，给他们一点提醒，但不要太多；当他们对某些朋友有非常负面的看法时，让他们看到社会上还有正面的事物。用这种方法就可以把孩子引导向中心，而不至于偏到任何一个极端了。

6. 跟你的孩子学习，不要以老师的姿态高高在上，要参与他们，跟他们学习。

印度 班格罗静心所

2010 年 6 月 7 日

第五章

亲子关系的
陷阱

父母可以采取以下几个步骤，引发孩子最美好的特质：

1. 父母应该培养孩子与人分享的习惯。孩子有分享的天性，但却没有受到鼓励。反之，每当孩子送别人玩具、礼物或巧克力时，父母通常会叫他们保留下来，不要送人。这不是好的教育方法，它会让孩子的人格萎缩，父母应该告诉他们要与别人分享。

2. 第二点是让他们多交朋友，给他们自由，让他们抛开压抑，让他们去和每一个人结交、攀谈。

3. 第三点是教他们包容别人的批评，这会让孩子更加坚强，孩子偶尔因此哭泣没有关系。父母经常认为孩子不该哭，所以会想办法哄他们，这么做不好。哭泣是一种呼吸方式，它可以打开肺活量。如果不允许孩子哭泣，他们就不知道如何释放压抑的情绪，不会哭泣的孩子会变得忧郁，一个能够自由哭笑的孩子不会忧郁。

忧郁的孩子和伤心的孩子之间是有差别的，伤心的孩子哭完了就会快乐起来。但一个不哭或者不被允许哭泣的孩子，就会变得郁郁寡欢。孩子想哭时会找借口，他们会要求一个东西，东西得到后会再要别的。乍看之下，他们好像是故意找麻烦，其实不然，他们只是在找一个哭泣的借口。父母可能会给他们很多东西，试图安抚，因为父母喜欢看到孩子欢笑，不过这么做不会有效果。在这种情况下，父母应该告诉小孩子，自己什么都不会给他们，他们要哭尽管哭。

有的孩子很爱哭，这时候，做父母的应该跟他们一起哭，要哭得比他们还大声，孩子就会停止哭泣，这是父母应该学会的一个小窍门，做父母的很容易忘记孩子偶尔哭泣，对他们的健康有好处。

4. 父母可以给他们讲好听的故事，培养非暴力的观念，让他们知道即使动物也有生命。孩子相信所有的动物都有喜怒哀乐，父母应该让他们保有这样敏感的心灵。我小时候常看到有的男孩会抓一些美丽的蝴蝶，装在小火柴盒里，或者用绳子把蝴蝶绑起来。我会告诉他们说蝴蝶也有生命，然后，趁他们不注意时，把蝴蝶放掉。

孩子往往会拿石头打狗，我从来不会做这种事，也不能容忍别的孩子这么做。有人会拿石头打流浪狗或虐待它们，所有的动物都有生命，我们可以让孩子用敏锐的心灵对待生命，这样的孩子才会具有更多的慈悲心。

孩子要求玩具枪时，父母可以不予理会。父母也不该让孩子观赏暴力的电影或连续剧，要制止孩子接触暴力的事物。这是因为孩子一旦看多了，就会认为暴力是不足为奇的事。孩子长大以后，看到有人被枪杀或不小心遭到误杀，他们就会认为这是很平常的事。

5. 父母不需要给孩子零用钱。我们小时候，家里都会摆一个放了钱的碗。我们想买什么就从碗里拿钱，再把找回来的零钱放进去，买完东西后会告诉父母自己拿了多少钱。爸妈从来不固定给我们零用钱，但碗里面随时都有钱。所以，我小时候从来没有一个"我的"钱的观念。对他们来说，没有一件事比钱来得更重要。这是父母让他们养成的习惯，我们可以改变。

6. 父母要让孩子有无所匮乏的感觉，一开始就对生命具有丰富感。有的孩子会用发脾气的方式，获得他们想要的东西。当然，你无法完全避免孩子发脾气，但一定可以减少他们发脾气的次数，或者不让他们变成情绪化的小暴君。否则，他们就会养成过度的攻击性。

7. 孩子有一点攻击性是正常的，你并不希望孩子变成不会回应的植物人。让孩子反叛，偶尔的反叛对孩子是好事。你不该当一个唯唯诺诺的父母，母亲偶尔可以和孩子斗斗嘴，这么做对健康有益。否则，一个没有在家里争吵过的孩子，一旦在外面碰到争吵的情况，就会在这个完全陌生的情境里变成失败者。做任何事都不能过犹不及，如果你天天跟孩子争吵，他们的个性就会变得非常不友善。跟孩子争吵后，要尽快跟他们和好，逗他们开心，让他们忘记不愉快的事，回到当下。你也应该这么做，你可以表现出生气的样子，但不要执着在那个情绪上面，这才是健康的生活。

如果你想做一个唯子女之命是从的父母，不舍得处罚孩子，亲子教育就不会成功。孩子长大以后会怪你是个失职的母亲，他们会怪你当初为什么不纠正他们。

孩子会模仿自己的母亲。如果母亲很严肃，孩子也会变得很严肃。如果母亲是快乐的，始终笑口常开，孩子也会有样学样，因此，你的态度要保持平衡。我在印度一些非常富有的家庭，看过父母用几近讨好的甜言蜜语跟孩子说话。他们极尽所能地溺爱孩子，孩子却感到厌烦，只想离开那个家。太文雅或太甜言蜜语都不会使亲子教育成功，反而会在亲子之间制造鸿沟。

印度人常说一句话——子女16岁以后，你就要放下父母的角色，做他们的朋友。因此，你为人父母的角色只能扮演十五六年的时间。子女到了十五六岁，你就要忘记自己是他们的父母，把他们当朋友看待，这是对待子女的正确态度。在这一天来临前，你大可坚决表态。

8. 某一程度的严格会让孩子有纪律，以后会更快乐。我的一位叔叔对我们非常严格，他会没收别人送给我们的巧克力，等我们写完功课以后再分一粒给我们吃。他规定我们要读英文报纸，我小时候，无论在家里或在学校，英文并不普遍，大家都说当地的方言。叔叔会逼我们读英文，这简直太痛苦了。我们觉得英文的音标很难学，经常为了音标跟他争辩，例如，"know"这个单词，我们会争辩说"k"这个字母要发音。我会反抗他，结果就吃不到巧克力。叔叔每星期四休息，那一天下午，我们就没有自由了，我们必须读好多英文单词。我有时候会用印度文的拼法写英文单词，比如说，用形声法把"Canada"（加拿大）写成"kannada"（坎拿大）。

当然了，我们当时都很讨厌叔叔对我们这么严格，但我们把福报看成了灾祸。我们因为没吃太多巧克力，反而有一口好牙齿，而且我们都会说流利的英语。

如果回想求学的日子，你会发现，严格的老师教的科目，你的成绩通常很好；那些教学懒散、不严格要求你读书的老师，你的成绩通常差强人意。不过，我们那位严厉的叔叔有了儿子后，对自己的儿子就没那么严格了。儿子一哭，他马上拿很多巧克力给他，使他的牙齿不好，而且养成各种不良的饮食习惯。就这个意义来说，纪律是非常重要的。也许一开始你会抗拒，但慢慢就会适应。

不过凡事都应该要有个限度，就像骑马一样，你必须一直握住缰绳。如果你放掉缰绳，马就不会听你的控制；拉得太紧，马又无法前进。你要按照情况的需要收放自如，教育孩子也要用这种态度。不要因为你某一天对孩子发脾气而感到难过，只要在第二天多给他一些爱就可以了。

9. 饮食在孩子的成长过程中扮演很重要的角色，父母经常会屈从孩子的索求，让他们吃一些无法消化的油腻食物，这对他们的专注和记忆会产生不良的影响。最好在上学前准备清淡的早餐给孩子吃，让孩子在学校里不会打瞌睡。

第六章

找回生命中的
纯真无邪

找回生命中的纯真无邪

彼得·墨菲

德国摇滚乐教父 2010 年 5 月

就某种意义来说，我们都是孩子，我希望我们的孩子面多过成人面。一个孩子一天笑 400 次，青少年一天笑 17 次，成年人 1 次也不笑。如果每个人都能多笑一些，世界上的冲突就会减少很多。

我们从早上就开始讨论世界的暴力和冲突问题，那么解决之道在哪里？我们要何去何从？我们都在圣雄甘地的思想影响下长大，我们印度人以非暴力自豪。不幸的是，今天这份自豪已经被攻击和暴力污染了。一个有攻击性或乱发脾气的学生，很容易被同学们视为英雄。我们需要做一个转换，把对暴力的自豪转移到对非暴力的。我们需要给孩子一个免于暴力和压力的社会的全球视野。我确信把以下几点整合在生活里，就可以达到这个目标：

第一点是音乐和舞蹈

第二点是运动

随着计算机和电玩的发明，现在的孩子已经不像以往一样跑去户外游戏了。他们沉迷在电玩里，其中多数内容都含有暴力的成分。我们需要把运动带往一个更全民化的方向上。

第三点是旅游

我们在印度、美国、欧洲、波兰，甚至德国的黑森林举办各项旅游活动，带领世界各国的孩子参加为期一周的活动。他们虽然说自己国家的语言，但近身相处会在他们之间创造一份连系感，语言的隔阂在他们感到自在时融化了。我们带着他们到处游访，让他们与不同文化和宗教的人沟通。我们需要给孩子多元文化的教育，我认为所有的孩子都该知道一些世界的知识。对世界各大宗教和文化有一些了解，会帮助孩子在更宽阔的心胸下成长。世界上只要还有一群人认为只有自己的宗教或文化是正确的，这个世界就不安全。我们必须在孩子和青少年心中培养一份归属感，把世界看成一个融合不同肤色、语言和饮食习惯的大家庭。

第四点是安排孩子参与社会服务计划，社会活动会让青少年的心灵敞开

最后一点是瑜伽和静心

我把瑜伽改编成一种非常大众化的活动，任何宗教背景的人都不会有排斥感。瑜伽只是一些呼吸技巧和姿势的组合，与任何宗教信仰无关。

呼吸与我们的情绪有密切的关联，每一种情绪都连结着不同的呼吸韵律。因此，如果你无法直接驾驭自己的情绪，呼吸技巧可以帮你做到。如果你参加剧场的演出，在表演愤怒时，导演会要求你加快呼吸；在心平气和的戏里，导演会要你把呼吸放慢、放柔和。只要了解呼吸的韵律，我们就可以对自己的心灵发号施令，我们可以轻易地征服愤怒、忌妒和贪婪这一类负面情绪，也有能力发出更多来自内心的微笑。我们应该找回童稚的美和纯真，这是天赐每个人的礼物。

　　我现在跟你们讲一个两年前发生的事。当时我们的班格罗静心所来了 200 位阿拉伯国家的青少年，同时还有 35 位以色列青少年。阿拉伯国家的孩子知道有以色列的孩子来参加活动时，他们变得非常生气和粗暴，准备打包行李离开。但我们花两三小时跟他们恳谈，教他们做呼吸练习、静心和一点瑜伽动作。第三天结束时，他们变得非常友善。一星期的课程结束后，双方的孩子流着泪彼此道别。这是一个值得和你们分享的宝贵经验。

只有能滋养人类内在美德的教育，才能传播真正的智慧。

第七章

教室里的
人性价值

　　教育是最崇高的职业，也是一份任重道远的职业。老师必须以身作则，因为孩子会很仔细地观察你的一言一行。孩子的价值观只有一半是来自父母，另外一半来自他们的老师。孩子的观察力比大人更敏锐，他们会观察你的每一句话和每一个行为。你心平气和时，他们会观察；你绷着脸没有笑容时，他们也会观察。他们透过观察，模仿你，孩子的行为模式大部分决定于父母，少部分取决于老师。

　　父母要面对的也许只是一两个孩子，但老师却要面对教室里的几十个孩子，老师置身在一个更多考验和压力的情境里，老师需要每天不断地自我平衡才能应付这样的情境。你要在午餐前坐下来，让自己恢复平静。你要有一份深度的信任感，相信每件事已经被照料了或即将会做最妥善的安排，信任你有能力处理被交付的工作。

　　首先，你需要信任自己。如果你认为自己无法应付这个沉重的任务，那么你真的会束手无策。你应该思考的是，这是一个最适合你的任务，你会全力以赴地做最妥善的处理。你需要非常多的耐心，不妨每天找点时间坐下来放松自己，和大自然相处。你可以规律地静坐来提升能量，做几个深呼吸也会有很好的效果。

老师要在教室里鼓励基本的人性价值，这些价值是孩子与生俱来的，老师需要把它们诱发出来。这些价值包括慈悲、合作、友善、微笑、欢乐、活泼、助人、归属感和关怀等，这些都需要老师的培养和诱发。老师也要解除孩子在家里学到的一些行为制约，你在孩子身上看到的负面行为只是表象，并非孩子的本性。爱的关怀和照顾，就可以从孩子的内在引发出正面的人性价值。

这种方法对叛逆的孩子一样有效，叛逆的孩子需要比较多的肢体接触、鼓励和安抚。他们需要感觉自己被爱、被关怀，感觉有一份归属感。另一方面，对胆怯害羞的孩子，你应该用稍微坚定的态度，帮助他们站起来说出心里的话。你的态度可以稍微强硬一点，但要以爱心这么做。软硬兼施是一个很微妙的过程——坚定但不失爱心。

老师经常会犯反其道而行的错误。他们对叛逆的孩子采取严厉的手段，却放纵羞怯的孩子。害羞的孩子因为习惯了老师的纵容，而终其一生都改变不了羞怯的个性。安排孩子参加活泼的游戏也很有帮助，过动的孩子需要很多运动。

印度的阿育吠陀医学（Ayurvedic medicine）把人分成三种类型的体质。第一种是风与空间型（vata），这一型的孩子身体瘦弱、个性好动，学得快也忘得快，他们需要很多运动来降低这类的倾向。第二种是火水型（pitta），这一型的孩子身材中等、个性稳定、反应灵敏，他们的记忆力很强但脾气暴躁。第三种是土水型（kapha），土水型的孩子体型壮硕，学习速度很慢但学过就不会忘记。通常看孩子的体型就可以分辨他们的气质类型，老师要因材施教，以不同的方式处理不同类型的孩子。

教育孩子应该是整体性的，不只是填鸭式的灌输信息而已。每天到教室上几堂课，绝对不是孩子需要的教育，我们必须注意身心的整体发展，因为身体和心灵有着密切的关联。身体吸收了什么往往反映在心灵上，心灵接收的也会反映在身体和行动上。为了身体和心灵的均衡发展，老师应该培养孩子的人性价值，这些原则就是你用来建立人性价值的基础。

加拿大的小学设立一个最佳人缘奖。我认为加拿大是全世界第一个设立这种奖励的国家，这是一个好制度，全世界的小学都应该效法，这个奖会鼓励学生对每一个人友善。小学生通常每天都坐在教室里的同一个座位，这不是一个好的做法，因为学生会非常执着于那个座位，别的同学坐那个位子，他们就会吵架。他们会把那个座位当作私人的地方，没有感觉自己"拥有"教室里的每一个座位。他们只想"拥有"自己的座椅，对那个座椅有非常强的占有欲。老师可以安排学生每天坐不同的座位，跟不同的同学做邻居。造成学生每天坐固定位子的责任在于老师，老师为了自己的方便才做如此的安排，但这种安排剥夺了学生与全班同学的归属感。每天变换座位的确会给老师带来一些麻烦，但这么做更有益于学生的成长。把班上成绩最好的学生安排在成绩最差的同学旁边，要他帮助那个同学。通常班上成绩好的学生会坐在一起，成绩差的学生又自成一组，这对教室的气氛也是不健康的。一旦成绩好的学生和成绩差的建立关系以后，他们就会发展出一体与共的归属感，彼此之间也会产生更多的爱和关怀。

老师也要在同学之间培养分享感，有很多种方法。我们在世界各地举办的"ART Excel 全方位卓越训练课程"就涵盖了上述所有的原则。我们在为期五天的 ART Excel 课程（通常以夏令营的方式举办）里，让孩子做一些课程和练习，强化他们的人性价值和自我的意识，不断地把非暴力的观念灌输给他们。这个课程让孩子产生很大的变化，一个参加过三四次课程的孩子，能学会在任何情境下微笑的能力。即使遭到别人的辱骂，他们还是会笑。当然，有时这使父母感到有些困扰。孩子上过 ART Excel 课程后，父母对他们生气时还是会笑，父母会认为孩子不在意他们的教训，但看到孩子还是微笑，父母再也没办法板着脸了，也跟着一起笑。孩子被人辱骂时，通常会想哭，但我们教儿童课程的孩子，无论任何人辱骂他，只管微笑。当孩子学会这么做时，他们就迈上克服还击的道路了。

我们教给孩子的另一个技巧，就是向辱骂他的人问好。那个辱骂的人会感觉自己发生了一个转化，他或她会很惊讶，那个被辱骂的人，不但没有还击和生气，反而来问候他们。这会在他们内在引发非暴力感和一个很大的变化，非暴力感在他们内在产生了，暴力的根源开始铲除了。我念小学时，任何提到枪的同学会被看不起，每个同学都会谴责他。

如果有同学大喊大叫或者乱发脾气，别的同学也会瞧不起他。大家认为吼叫或发脾气是很不正常的事，连对方都会感到羞耻。如今我们再也看不到这些事了，那些价值已经消失不见了。

我们对老师也是同样的态度。老师板着脸对学生是一件极不寻常的事，因为师生之间一直都充满了爱。那时，我们都遵照传统，每个星期轮流由一个同学负责送礼物给老师——一朵花、一个水果或家里做的点心等，每间教室里都有一张摆满了鲜花的桌子。这些价值观和习俗已经不存在了，要恢复这些价值观和习俗，我们必须在学校外举办课程。要老师硬性规定学生遵守这些传统，不会有任何效果，必须由别人来教育学生，如何用更尊敬的态度对待老师，这可以透过夏令营来做。把孩子交给父母或老师以外的人，学生就可以学到新的观念和价值。我们必须教导孩子了解与父母和老师建立归属感的价值，让学生对自己的老师有一份骄傲感。

我们必须建立学生与老师的归属感和良好的师生关系。如果这些都不重要，那么让学生在计算机上学习就可以了，不需要一位人性化的老师。老师的存在给学生一种人性的关怀，我们需要在教室里维系和发展这种人性的关怀。我们要强化这种人性的关怀、人性的连系。

老师编排课程时，要考虑如何启发学生最好的特质。比如说，历史课不要排在午餐后的第一节。下午第一堂课可以排一些不需要专注听讲的科目，因为午餐后，学生的专注力和听力会降低，他们宁可睡觉也不想坐着听老师讲课。如果午休后的第一堂课是劳作，他们就会因为活跃的肢体活动而没有想睡觉的感觉，需要全神贯注的数学课或科学课，最好安排在上午。

第八章

推动
灵性教育

　　每个父母都希望孩子接受良好的教育，在价值观的伴随下成长。所有的父母都希望孩子快乐富足，他们希望子女富足是因为子女不富足就不会快乐。然而，在教育的过程中，快乐与富足之间的连结关键却在某处断裂了。婴儿或孩子的笑容多么美，他们拥有那么多的喜乐和友善。同样的，孩子进入中小学或大学以后，那一份喜乐、纯真无邪和美却失落了。我们真的该想办法让孩子即使长大后，都能继续保留这些特质。如果能够做到这一点，我们无异于成就了一个伟大的奇迹，因为纯真无邪会为我们的生命带来一种美。

　　一个无知的人也可能纯真无邪，但这种纯真无邪毫无价值；而如果一个聪明的人心术不正，他的聪明也同样一文不值，这个世间最值得拥有的是一种不会摧毁纯真无邪的智能。念小学或大学的孩子顶多只交四五个朋友，如果孩子不懂得如何与全班的四五十个同学为友，以后走上社会，又如何与世界上的几十亿人为友？交友这个基本倾向，在追求自私自利的教育过程中失落了。成功的象征是微笑、友善、慈悲和为人服务的意愿。

　　一个有趣的现象是，原子的结构和人类的意识，也就是心灵，居然如此类似。质子和中子在中间的原子核里，而含负电的分子，也就是电子，却在原子核外围的轨道上运转。人类的生命也是同样的情况——所有的负面情绪、罪恶的思想和习惯只是外围的现象。

每个生命、每个人和个体的内在核心里，都有正面的情绪和美德，我们不需要做些什么来引发出这些美德，只要滋养已经存在的美德就好。我们应该拟订一套计划或解决方案，让青少年恢复活泼灿烂的笑容。每次听到校园发生枪杀和犯罪事件时，都让人感到无比痛心。几十年前，我们从未听过这样的事件。教育所强调的敬重、荣誉和尊严，已经在过去几十年内腐蚀殆尽了，我认为我们迫切地需要恢复这些价值。

我们需要一种培养学生"宽宏心灵"的教育，教育制度的结果应该要培养出一颗"温暖"的心。一个真正受过良好教育的人，不应该歧视低教育程度的人，他应该是友善的、慈悲的，甘于在人群中默默无闻。这种友善和慈悲在生活氛围中散播出来的温暖感，才是值得我们在生命中达成或滋养的。有些人认为只有信奉某一个特定宗教的人才能进天堂，其他人都要下地狱。他们认为全世界的人都应该遵循他们的标准，不遵循这套标准的人就要下地狱，这种对宗教的误解就是引发恐怖主义猖獗的起因，学校变成恐怖主义的温床。学校是孩子和青少年开始思考是非对错，以及如何让世界正常运转的地方。我想问一个简单的问题——既然你们能接受不同文化的食物、音乐和科技，为什么不能也接受不同文化的智慧？

只有教育能为这个世界带来开放的心灵（对多元文化和多元信仰的包容），这应该是我们教养孩子的目标。即使地球上只有一小部分人对这一点仍然懵懂无知，那么，我们生活所在的地球就不会是一个安全的地方。社会上所有的思想家和拥有优秀心灵的人都必须沉思这个问题，该如何散播人性价值、宽阔心灵和温暖关怀的知识。

第九章

鼓舞顽皮的
学生

　　我期望学生变得调皮捣蛋！当你想到学生调皮捣蛋时，应该发出会心的微笑，你不该忘记微笑，无论发生什么事情，你都应该每天微笑，生命的成功是用你微笑的程度来衡量的。生活一切顺利时微笑很容易，但当事情坏到不可收拾的地步时，你能够微笑吗？教育应该要把你塑造成一个既坚强又充满生机的人。教育应该让你在艰难时展颜微笑，在遭遇困难时保持友善的态度。如果你受过良好的教育，微笑就是你的朋友，你身上始终都会散发友善的气息。如果你没有结交很多朋友，那是因为你太在乎别人对你的看法，你需要给别人思想和说话的自由。

　　宪法赋予每个人言论的自由，你不该为了别人对你的想法感到苦恼，你应该摆脱那些可以操控你喜怒哀乐的按钮，拥有一个不被宠辱褒贬动摇的坚强人格。你应该变得强而有力，毫不在意别人对你的批评。

　　许多学生患了注意力不集中的问题。我的意思是说，上课 10~15 分钟之后，他们就会感到沉闷无趣、注意力涣散，无法掌握上课的内容。这种注意力或记忆力问题的确会阻碍青少年的成长，做一些练习就可以走出这个困境。

你应该和老师建立一对一的真诚关系，把你的困扰说出来和老师分享。你要有敢于这样做的信心，你应该要和老师谈，因为你有许多事是无法对父母启齿的。否则，你只有把困扰埋在心里，让它累积压力。

比较好的做法是，对老师有信心，和他们分享你的问题，接受他们的建议。你有几个愿意帮助你的老师吗？如果有，你要踏出第一步，主动与老师建立联系。许多中小学生和大学生变得非常沮丧、愤怒和挫折。然而，如果和老师有了正确的联系，你就可以得到他们的帮助。你的紧张会减轻，进而有一种释放感。接着，乐趣就会跟着发生，生命里原有的轻快活泼恢复了。所有的学生都需要某种程度的咨询，老师可以扮演咨询者的角色。多数老师都很乐意照顾学生，但学生需要敞开自己。

你应该追求一个免于压抑的知性和免于混淆的心灵。你的学习会因此变得顺利又毫不费力地进行下去，如果你的心灵混淆，知性里有一大堆压抑，那么你根本无法记忆学过的课程。

我把上面的内容做一个结论：

一、你应该每天交一个新朋友。

二、你应该经常微笑，不管碰到任何问题都要微笑。你不是机器，不需要像被程序设定了一样，只要一被别人羞辱就生气，你有接受或拒绝负面批评的自由。

三、你应该采取行动改善你的生活。

四、你应该和老师建立一对一的关系，和他们分享你的想法和感受。

第十章

古儒吉
与老师的对话

　　你们觉得舒适吗？你们都感到快乐吗？这一点很重要。无论环境如何都不重要，重要的是保持愉快的心灵。这是迈向修习的第一步：保持愉快的心灵。我们应该尊重自己的工作，你们都是老师，没有任何一种职业比老师更受人敬重。你们在想些什么？许多人也许在想："如果我是工程师该多好！"这是你们心里的想法吗？多少人有这样的感觉？有过这种缺憾感的人举手。"如果我是医生或工程师该多好！""如果我找别的工作多好！""我找不到别的工作，只好来当老师了。"有多少人有这样的感觉？

　　多数人认为找不到高薪工作的人就会走上老师这一条路，老师通常也会相信这种说法，让我们对别的工作做一个探讨。一个工程师要做什么？好吧，他念完大学拿到了学位。他们做些什么？早上8点要去工厂上班，7点以前就要做好准备才能在8点到工厂，一直工作到晚上8点才回家。这样的作息，一个星期必须苦撑5天，对吗？像机器一样苦撑着工作，结果他们也变成了机器。如果20年以后再看到他们，你会发觉他们和机器没有两样。他们也像机器一样地反应，只要按个钮，机器就开始工作。同样地，如果你对他们讲几句不中听的话，他们就会生气；说几句恭维话，他们就会笑。他们活得像机器一样，不是吗？

接着再看一下医生。每个人都想当医生，因为他们认为医生是一个好工作。医生这种工作好在哪里？他们每天一大早就要和病人相处，对吗？每天从早到晚在医院里和病人一起生活，周围都是病人的哀号和呻吟。医生什么也不能做，他们救不了任何人。他们做些什么？医生在心里做一些广泛和概略的估算，再开药方给病人。医生本身都不能明确地知道诊断结果，就东做一点西做一点，开处方给病人。医生不能休假，他们哪里也不能去，晚上无法安静地睡觉。即使半夜 12 点也会有病人来家里，把他叫到医院去，这就是他们的一生。如果要你去照顾一个病人几天，你就会知道那种工作有多困难了。医生的一辈子都要听病人的抱怨，他们的一生从早到晚就是这样度过的，这是一个理想的生活方式吗？

你们要从这个角度看每一件事，用这种方式看自己的生活。你们和孩子在一起，和成长的孩子一起生活，每年还有两个月的休假，老师这个工作让你过着平静的生活，为什么要认为老师是一个不好的工作？如今，各行各业的薪水都差不多，一个大学教授的薪水和一个医生差不多。医生赚得比较多，花费也比别人高。

我们辛苦工作得到的是什么？无论我们赚了多少，有一半是花在疾病的治疗上。如果赚 1000 卢比，有 500 卢比是拿去支付医药费，这是明智的表现吗？你们要从这个角度来看每一件事。用这种方式看事情会有什么结果？你会对自己有信心，会相信你做的任何事都是对的。你会很肯定，你会爱你的工作，会怀着热情做事。然后，我们就变成"行动瑜伽行者"（karma yogis）了。如果你只是来这里交个差，随便做点事就回去，那么这个工作就变成你的业了，你们应该怀着爱和快乐的心情工作。

第十一章

国际整合价值教育大会演说词

　　各位贵宾和亲爱的听众，我从你们脖子上的花环得到了一个讯息。我感觉你们用沉默向听众传递了一个宝贵的讯息：教育像花香一样，是藏不了也封不住的（掌声）。

　　我们可以进一步引申出一个更微妙的讯息：教育像花一样清新、充满生命，但必须要细心地处理。教育这朵鲜花如此细腻，人性价值的教育不能只做一个世代就抛诸脑后，每一个世代都需要重振、更新和实施这种教育。因此，你们脖子上的花环诉说的是：我们需要用细心的态度处理教育的现况。

　　印度有一句古谚：

　　国王只在自己的国家受尊敬，而教育家却受到全世界的尊敬。（Swadeshe pūjyate rājā, vidwān sarvatra pūjyate.）

　　教育是普世的。它跨越了国家、宗教、种族、文化、性别和各种认知，教育家的知识是普世性的。无论一位教育家诞生在任何地方，他都不只属于那个国家，他变成了一个全球性的人物。如果一位教育家不是全球性的人物，他根本就不能算是一位教育家。

　　发明量子力学和相对论的爱因斯坦，没有人能把他局限在一个国家或地方。他跨越了认同的界限，成为全球性的人物，我们需要为孩子建立这样的世界观。目前，世界一个主要的问题就是认同。孩子从小就被灌输一套特定的思想观念，他们无法敞开自己接受新观念、接受自己国家以外的世界。在这种思想下成长的孩子，会认为只有自己才是正确的、才是对的。我们该如何把这些价值整合在个人的生命里？我说的个人包括个人的专业、私人领域、社会和灵性的层面。这是我们需要深思的问题。

首先，我们要探讨的是当前的情势，可谓困难重重。教育不只是填鸭式地给孩子灌输有用的信息，教育的目的是要把孩子塑造成美丽的世界公民。最近的一份调查显示，一个孩子平均一天笑 400 次，青少年一天只笑 17 次，成人 1 次也不笑。这是教育想达到的成果吗？一个孩子，造化界一朵美丽的小花，从进入小学到大学毕业，他的脸孔就变得严肃，充满攻击性，对人生抱着沮丧的看法。我们需要严肃地思考这个问题，教育不该让孩子变成一个更快乐的人吗？我们需要严肃地深思。

我们要承认目前的情势。目前的情势是从小学到大学有许多中途辍学生，比率高得令人触目惊心，美国华盛顿就有50%的辍学率。当然，有许多国家的辍学率是无法计算的，因为那里的孩子根本不上学，那些国家没有中辍生的问题。第三世界国家的文盲非常多，因为那里的人民不上学。孩子哭着不想上学时，做母亲的就会安慰他说："别哭，不上学没关系。你去放牛放羊吧。"学生的中辍率为什么如此高？我们需要深思，也许这是教育制度的问题。

2006 年 6 月

Om namah praNavārthāya shuddha gnāneka mūrtaye

nirmalāya prashāntāya dakshiNāmūrtaye namah

第十二章

古老的
启发式教育

教育制度绝对需要改善，教育领域需要一次全面的革命。今天的孩子已经不需要再背《九九乘法表》了。如果我们的小学到大学还是沿袭同样的教学法，就是在浪费时间。学生往往要花好几个小时背诵希腊史诗《伊利亚德》和《莎士比亚全集》，学这些过时的英语是对孩子的压迫。花心思记忆和背诵《莎士比亚全集》耗费了庞大的脑力，因袭这种旧式教学法的印度教育制度，糟蹋了学生的智能和潜力。

在计算机化的时代，学生只按一个键就可以查出所有的历史。孩子却得花数小时研读事件发生的年代、麦考雷哪一年到印度、推动了什么改革。陈腐的原则、理论、教育制度和传授知识的教学法都需要进行变革。

孩子进入大学时，已经被这么多的压力折磨得筋疲力尽了。孩子每天背着沉重的书包，里面装着一些与生活完全无关的课本。这种教育制度需要经历变革，我们需要发展孩子的能力，让他们能够消化和了解更多。

好的教育制度必须灌输自尊和创意给孩子，停止让孩子抄袭、复制别人。我们需要有自尊，了解自己拥有什么，自己能做什么。如果你剥夺了一个人的自信，这个人就会一事无成。我们必须在教育里灌输自信，扩展孩子的眼光，往下扎根。教育制度不应该让人狂热盲信，人们因为太夸耀过去，所以变得心胸狭隘、狂热盲信。

今天的教育制度不是标榜地方自治主义就是那个主义，这都会阻碍科学的发展，科学的心灵需要摆脱压抑。正确的教育必须能培养自由、不执迷的心灵，既不对过去生气，也不为未来担忧。

当今教育制度最需要的是在内心深处扎根，并让新鲜的绿芽长出来——新旧兼容的制度。

遗憾的是，我们在扩展意识上毫无作为，让学生饱受影音媒体、电影和电玩信息的疲劳轰炸，这使我们的心灵承受很大的压力。这种现象只会使孩子变成精神分裂，造成注意力缺乏症候群，因为他们的头脑无法消化并复制这些信息。

教学法需要改变，需要淘汰大量不需要的信息。创意的教学法可以帮助孩子建立人格，创意性的运动和古老的技术，例如，诗词对句游戏（Avadhanam）、静心、瑜伽和调息法等，都会对人产生深远的影响，舞蹈和歌唱也应该引进教学课程，服务也是一种很好的教育，安排孩子到一些地方为人服务是很好的教育。人类生活中的所有层面都应该涵盖，而这些都要从孩子幼小时开始。重点在于采纳古老的技术，以现代化的方法加以创新。

第十三章

宏观教育

问：你认为由个人担任义工和社区服务，对无法享受正规教育的儿童会带来任何差异吗？

古儒吉：担任义工无法取代正规教育，正规教育非常重要，我们必须把重点摆在正规教育上，我们的课程必须包括孩子的义工服务。印度虽然有《国家社服计划》（NSS），但这个计划提出的时间比我们晚了很多，而且以大学为对象。我们必须有一些以小学为对象的服务活动，让小学生为社会做一些贡献。

问：因基础建设落后、师资短缺和社会情况恶化造成的乡村地区教育问题，该如何解决？

古儒吉：如果全印度的企业都扶持几个村庄和地区，这个问题就可以解决。印度有 612 个行政区和几千家企业，如果非政府组织、政府和企业合作解决，我认为这个目标不难达成。

问：你认为印度教育制度采行的教学法需要检讨吗？

古儒吉：绝对需要。孩子上下学都要背很沉重的书包，很多孩子到 16 岁就因为背痛的毛病不能做任何工作。我们需要对教育制度发动革命，让学童可以依照自己的个性取向学习。我们需要创新的学习方法，不能只是背诵一些外语的诗词。我们小时候要学莎士比亚的诗句，这完全没有必要，背诵是一个很大的负担。相反地，我们该提供孩子一种左右脑并用的教育，例如，音乐和逻辑、休闲、瑜伽和适当的饮食。这会使孩子学习的能力更好，学习的范围也会超过你的预期。

问：如何改变乡村地区对女童的教育态度？

古儒吉：透过意识觉醒运动。凯若拉邦（Kerala）的识字率高达 100%，卡纳塔卡邦（Karnataka）也正朝着这个方向迈进，塔米尔·拿杜邦（Tamil Nadu）也有很高的识字率。

我们需要宗教机构、非政府组织和政府通力合作。宗教界可以提供很大的帮助，人民有信仰，妇女有信仰。如果宗教领袖强调每个孩子都应该受教育，为什么妇女不能送自己的女儿去学校？如果村庄里的每一个传教者都说村民必须送家里的女孩上学，村民就会尊重他的说法。

问：公立小学最主要的问题是老师旷职和学生旷课，有什么办法可以解决？

古儒吉：学习要充满乐趣，这样的学习就可以让学校吸引或留住孩子。某些非政府组织成立的学校，包括"生活的艺术"小学，学生连假日都想上学。这是因为老师会关心孩子，他们对孩子有个别的关怀，老师和校长必须在学校里创造这样的氛围。

问：以普及小学教育为主的《教育法案》即将送交国会审查，这个法案对保障基本教育权有多重要？政府在改善教育基础结构上应该扮演什么角色？

古儒吉：我们常发现教育政策制定者存有偏见，甚至我们的历史学家都会划分左派和右派，政策制定者绝对需要有免于偏见的心态，我们必须要有平衡的看法。我们也需要与时俱进。有些政策制定者甚至不会操作计算机，他们落后了两个世代，他们完全和小学生到大学生的心态失去了连接。

一位好老师能够知道孩子成长到哪里，并了解他需要达到的境地。一位了解学生困难和挑战的人，才能当一个好老师或好的政策制定者。我们需要互动、脑力激荡。政策制定者往往与基层的现实失去接触，我们需要举办研讨会，让老师和政策制定者更新他们的知识。令人惊讶的是，有40%的老师患了抑郁症，有抑郁症的老师能传授什么给学生？这就是学生不想上学的原因，他们想逃离学校。

政策制定者必须为老师建立一个学习制度。第一，通过延续教育计划；第二，删除会造成孩子心理负担的不必要教材。一个念完高中和大学的孩子，回到村庄后不会修理泵浦。他们对农业一无所知，不会修收音机或电灯，也就是说，毕业生无法凭着所学的一切谋生。如果教育无法帮助学生谋生，我们必须重新改造教育。学生毕业后必须学一些简单的技艺，特别是乡村地区，一些农业知识也是必要的。

问：有人主张教育要更具包容性，让公立学校在正常的教学时间以外开放，为弱势孩子举办第二、三梯次的课程。你认为这是一个有效的策略吗？

古儒吉：我认为这是一个好策略，这个措施在缩短城乡和贫富差距上会有深远的影响。高质量的教育也应该提供给城市以外的乡村儿童或郊区儿童，校车要延伸到偏远地区的儿童，每天搭巴士上学可以引发孩子上学的动机。成年人的识字也很重要，这些公立学校可以在这方面扮演主要的角色。

问：整体而言，你认为需要采取什么方法，才能达成《千禧年全民教育》的发展目标？

古儒吉：达成《千禧年全民教育》发展目标需要四个机构的合作。政府应该扮演关键性的角色，政府必须拨出更多教育预算，预算的用途不只是设立大学和解决失业问题，而是让初级教育的学费更低廉或完全免费。

印度目前有 51% 的研究生和 39% 的大学毕业生失业，这个数字令人惊讶。谁会愿意让子女花那么多年念大学，结果却失业呢？失业人口多的时候，犯罪率就会增加。因此，良好的初级教育是必要的，宗教与灵性机构可以共襄盛举，那些受过灵性教育的人不会参与犯罪活动，因此，灵性教育机构也要扮演角色。第三个是非政府组织，因为他们有创意的观念、计划和提案，如果他们的创意能在学校实施，这些学校就会出类拔萃。第四个是企业。只要这四个领域通力合作，《千禧年全民教育》发展目标就可以在一年内达成，而不只是一个梦想了。

问：目前有九万多人回应《来印度教书》义工计划，你要给这些志工和参与教育的非政府组织什么讯息？

古儒吉：一起合作。知识分子经常不团结，每个人都认为自己最懂，他们缺乏团队精神。他们必须团结在同一个目标之下——促进高质量的全民教育。如果能做到这一点，这个义工计划就会成功。

这方面需要一个免于暴力的环境。志工必须身体健康、没有偏见、具备一些修行经验——这会为那些想参与工作的人带来许多喜乐。如果工作是一种喜乐的表达方式，你就会到处散播快乐，你会创造一种自己渴望的教育环境。

以上访谈内容刊载于 2008 年 8 月 22 日

《印度时报》的班格罗版

第十四章

孩子、学校
与社会

你们都知道，对话是最好的教学形式，在对话中可以探讨不同的观点，单一的观点无法构成对话，彼此矛盾的观点才能构成对话。梵文有一句古谚说："透过讨论，我们寻得真理。"（Vade Vade Jāyate tattva bodhāha.）知识的精华在辩论中呈现出来，这不是为了辩论而辩论，你应该为至高的知识（tattva jnāna）而辩论。因此，我们要以这样的辩论来进行这一场研讨会。我会提出棘手的问题，你们也要提出更犀利的问题问我，让我们看看会激荡出什么火花。一般人通常会在激动或发脾气时跟别人争辩，这种争辩毫无价值。这样的争辩会导致战争和破坏，我们要用冷静和愉快的心情辩论，看看会有什么结果？大家的心情都很冷静，我们现在就开始辩论吧。

孩子、学校和社会是三个层面。第一层是孩了，接着是学校，最后是社会。这三个层面彼此之间有和谐吗？孩子和学校有和谐吗？学校和社会有和谐吗？如果没有和谐，这种不和谐是会带来更多创意和发展，还是会把人带向毁灭呢？

太多的和谐有时会过于静态，无法带来任何动力和改善。我们可以在员工生活舒适的企业和工厂里看到这种情况，这些员工有家庭、有学校，他们拥有一切，但缺乏热情、缺乏创意，那里的员工缺乏生命。那里的一切几乎都是机械化的，因为每个人都知道自己该做什么，他们的角色被固定了。每个人都有自己管理的范围，每一件事都是固定的，你们有看过吗？你去一家工厂，那里的财务部只管财务，采购只由采购部负责，宣传的工作只由公关部负责。

他们都有自己的功能，但那里的能量几乎是死寂的。每一个事物都停滞不动，都是静态的。我要告诉你们，有不确定感的地方才有创意，导致迟钝或延缓创意过程的往往是安全感。这是我提出的论点，你们也提出观点，我们再看看能做些什么。

问：信任呢？不确定感不会很危险吗？

古儒吉：有信任就不会有不确定感，如果不确定感达到一个对自己都不确定的程度，那么你就处于完全的毁灭里了。任何过度与不及的事都不好，当不确定感超过一个限度时，它就会产生自我怀疑。

问：很难信任别人的时候，该怎么做？

古儒吉：许多时候，你会信任情境，但无法信任人。为什么不信任人？因为你不信任自己的心灵，你的选择变化太大，整个世界充满了不确定感。你该怎么办？你准备把这个不确定感当成你的挑战吗？你准备好要冒险、纵身一跃或一马当先吗？如果敢这样做，你就成功了。

每一个不确定的情境都会带来挑战，这种挑战就是创意之母，这种不确定的情境是有时间限制的。如果不确定感无限制地延伸，或是变成一个持续的过程，会发生什么事？我们看看会发生什么，它会把你带到两种情境：第一个，它会让人更有满足感，会发生更多灵性的觉醒。或者，另一种情况，那个人会变得更加愤世嫉俗或者把心灵封闭起来。一则开启你对超越理性事物的视野，某种对神性秩序的信任会出现，或者变得愤世嫉俗。

孩 子

灵性或伦理教育的缺乏，已经把现在的学生带往自杀的边缘或性格变得偏执，学生的偏执思想和暴力倾向增加了。想把他们带回中道，我们需要一种自我了解的教育——了解他们的心灵、呼吸、观念和生命的实相。这是非常重要的，你们不认为吗？

学　校

现在再谈学校。

学校的责任是教育孩子，但又不能在教育的过程中让孩子与生俱来的美德消失。美德是孩子与生俱来的，学校要保护这些美德——每一个孩子天生的纯真无邪、归属感、爱和信任。在目前的教育制度下，学校只满足于信息的提供，却未顾及人格的养成。多数学校都能制造了不起的计算机，但却制造极少数的优良公民。你们同意我的看法？我们有很聪明的学生，他们拥有很多与世界有关的信息。只要问一个问题，他们就会答出所有需要的信息。然而，他们是优良的公民吗？他们知道如何行为举止吗？他们是有教养、有文明、有慈悲心的人类吗？这是每一所学校和每一位老师都该问的问题。

社　会

我们必须小心地讨论这个问题，这个问题非常重要。

你们在学校里教道德教育，但学生一走出校园，如果有人贩卖色情刊物、酒和毒品，学生就不安全了。学生在学校里学到的派不上用场，学校也应该为社会环境负责，学校的老师和校长是一股引导的力量，他们要确保这一类的活动不会在社会里出现，他们需要带动合作，建议相关机构对破坏性的社会环境采取对策。

你们一定听过有人称赞美国的学校教育，然而，那里的孩子会离校、会从电视上吸收各种暴力和犯罪行为、会拿枪到教室射杀同学。教室暴力，即使是印度，这种事也在几个地方发生过，这是因为社会对校园内的暴力是有责任的，没有一位老师会教导孩子拿枪射杀别的孩子，孩子为什么会犯这样的罪行？这是因为学校被社会孤立了，孤立只会制造更多的紧张和问题，学校的老师有责任与家长和其他社会机构进行持续性的对话。

我认为教师协会应该对电影检查制度拥有较大的决定

权，学校应该派一位老师出席电检局的审查，因为老师知道孩子不应该看哪一类的电影。学校、社会和学童之间应该发展出一种综合式的文化，如此才能真正培养出有责任感的公民。今天，印度有一个邦的老师很绝望，有一些医生在罢工，没有人会感到安全了。这不是我们想要的不确定感。

问：学校的课程随着印度执政党的轮替而变更，这不会影响我们的孩子吗？

古儒吉：你问得对。我们需要探讨这个问题，学术应该优先考虑。任何种姓、社区或宗教都不该成为学术的障碍。我认为这不是一个健康的态度，孩子应该被教导人性价值；他们应该拥有开阔的心灵。孩子应该对全世界的文化和宗教有一些了解，如果孩子从小就接触世界的多元性，他们就不会变成狂热分子。某些国家的孩子会变成狂热分子，是因为他们没有接触社会里的多元文化和宗教。你们需要创造一个有宽宏视野和往下扎根的教育。

问：古儒吉，我是老师，现在年纪大了，我怎么推动这么多的改革？

古儒吉：为什么不能推动？告诉我。不能推动只有三个理由：第一，你没有时间。关于第二点，你感觉你的话没有人听。第三，你认为改革实际上是不可能的。你是哪一个理由？如果你认为这实际上是不可能的，如果你有强烈的想法，那么开始去想那是可能的。关于第二点，如果你认为你的话没有人听，不要介意，继续大声呼喊，总会有人听到。如果你认为是时间阻碍了你，我要告诉你，这也许是你的疏忽。在学校和银行的工友都有 24 小时，他们抱怨没有时间。印度总理也会有同样的抱怨："我没时间。"大家每天都有 24 小时，但是看看这两种人每天的工作量有多人差别。

我要举帕布帕德尊者（Swami Prabhupad，译注：1966 年"国际克里希纳意识协会"[ISKCON] 的创办人）的例子来说明。他 72 岁那年奉上师之命，从加尔各答搭货轮，前往美国弘扬《薄伽梵歌》的知识。他当时的英语能力有限，甚至在船上心脏病发作。你应该阅读一些激励人心的传记故事，许多人在晚年成就了伟大的事业。

因此，重要的是要具有这样的信心。安纳·哈查里（Anna Hazare，译注：领导印度的反贪腐运动，有"甘地第二"的美誉）只是一个陆军士兵，他退伍后，全力以赴地投身反贪腐运动。他今年已经 70 多岁了，只要他站出来领导绝食抗议，马上会有 5 万人响应他。印度政府没有一个官员不对他畏惧三分，只要他知道有一个贪腐的官员，就会率领 5 万人一起绝食抗议。被抗议的官员不是另调他职，就是改邪归正。

我经常说，改革者不可能是统治者，统治者不可能改革。因此，所有的老师绝对可以做改革者。你懂我的意思吗？

问：是具有安全感时较有创意，还是不安全感时？

古儒吉：这是一个不解之谜。如果只靠不安全感就能带来创意，那么黎巴嫩、苏丹和衣索匹亚就是全世界最有创意的地方了。其实不然。如果只有安全感就能带来创意，芬兰、挪威和丹麦是社会安全感最高的国家，他们的政府让人民衣食无忧。人民无论工作与否都有政府补助，有钱又有医疗保险，每一件事都由政府提供，他们的人民不也具有创意吗？因此，我们要问，创意何在？这是你们要研究的课题。创意就在两者之间，伟大的事物有待一个伟人去发现。

问：老师应该如何降低社会的暴力？

古儒吉：我认为老师需要觉醒。我曾听说一件事，有人向比哈尔邦（Bihar）的一位医生勒索 10 万卢比。这位医生是总理的私人医生，他对勒索的人说："我 1 毛钱都不会给你。"他去找总理抱怨这件事，结果发现那个勒索的人就坐在总理旁边。总理问勒索的人："你为什么骚扰我的私人医生？"接着又对医生说，"你们商量一下，给他一半吧。"医生感到很震惊。

为什么？这是因为老师只做信息的工具，他们只授业解惑，不扮演良师益友的角色。他们容许学生毕业后不重视道德、伦理价值和内在的成长。其他邦还没有堕落到这种地步，我们不该让这种事再发生。你们会惊讶地发现许多性格偏执的教授和老师，他们本身就不奉行非暴力思想。

他们在大学生的年轻心灵里灌输暴力思想。德里大学的一位教授就用这种方式教育学生。"你们为什么拿香去庙里祭拜？因为原始人用香火威胁神明说：'你最好满足我的欲望，否则我就要你好看。'如果神明不害怕香火，他就拿樟脑油绕着神像说：'如果你不满足我，我就把神像烧掉。'这就是原始人满足欲望的方式。"那些老师是这样教学生的。学生怎么会不暴力？我们需要重建非暴力原则、人性、慈悲和爱。这是所有老师的责任。

本章是古儒吉于 2004 年 11 月 17 日
在班格罗静心所对小学老师和校长
针对《教育的责任》议题所做的演说内容

当生命遇到困境时，我们需要保持更大的祥和。

第十五章

教与养问题
释疑

问：亲爱的古儒吉，请你谈谈亲子教育。

古儒吉：当你为人父母后，生命的进化就会加速。你会像一个贵宾的保镖一样敏锐又保持高度的警觉，你只会担心一些外在的事物，当你心平气和时，孩子会接收到这种能量。有时候，孩子讲话会像 50 岁的大人，他们像鹦鹉一样学大人讲话。夫妻最好不要在孩子面前争吵或做任何不好的事情，你应该培养孩子的付出感，也应该在他们心中播下灵性的种子。

问：你对做父母的人有什么建议？

古儒吉：你骑马的时候必须配合马的动作，你必须随着马的移动摇摆身体，否则你就会背痛、骶骨痛。教育孩子也是一样的道理，父母必须随着他们一起摆动——了解他们、温和地牵引他们。握在手里的缰绳要收放自如，有时候要约束他们，有时候要给他们自由。

问：对孩子最有价值的一件事是什么？是爱吗？

古儒吉：父母的爱始终都在，你无法不爱自己的孩子。父母需要做的是教育他们了解人性的价值，让他们成长得既善良又坚强。有些孩子很善良，但他们很容易受到伤害；他们很容易觉得自己被人侵犯，变得可怜不堪。有的孩子虽然很坚强但却不善良。把孩子教育得既善良又坚强是对父母的挑战，该责备就责备，不能用唯命是从的方法教养孩子。如果他们从小习惯了你生气，以后就不会因为别人生气而难过。否则，他们会变得很脆弱、太敏感、太经不起打击。因此，你可以偶尔责备他们，让他们走上正确的方向。

问：父母如何教育出有责任感的孩子，同时又使亲子双方都有愉悦的体验？

古儒吉：父母应该教孩子每天交一个新朋友，不要让他们玩暴力的电竞游戏。我们举办的"ART Excel全方位卓越训练课程"非常受孩子们的喜爱，他们通过课程的游戏学到很多重要的功课。这个方法在欧洲的名称是"互不侵犯原则"

（NAP，Non-Aggression Progress），即使有强烈攻击性的孩子，上完这个课程后，也变得很快乐、很友善。

另外，我们也为父母举办了一个"认识你的小孩"课程。生命是一份礼物，一份非常迷人的礼物，但很少有人拆开这个礼物。这个课程全部都是关于敞开自己、开放自己。生命是一份用金箔纸包装的礼物，正等着你把它拆开。你需要置身在非正式的气氛下才能了解自己，获得深奥的人生智慧。太正式的气氛并不能诱发知识。

多数时候，你们会对别人说一些有口无心的问候语。你们的问候和交谈都停留在肤浅的层面上，就像空乘人员在你下飞机时，说"祝你有个愉快的一天"一样。如果从你阿婆的口中说出来，同样的一句话就充满了能量、情感的脉动和临在感。当你始终在很表象的层面上和别人互动时，你的生命就会枯竭、变得沉闷无趣。逢人只是一句"嗨！"或"哈喽！"而已。未来的几十年内，世界要面临的最大挑战就是抑郁症。这种现象可以用归属感来对治，归属感可以在生活中创造更好的气氛和环境。

如何创造那种环境决定在你，真正的进化是无论置身何处或与任何人相处，你都有一种回到家的自在感。想要做到这一点，你需要检视你的内在，审视一下，什么事让你心烦？什么事限制了你，让你无法和周遭每一个人连结？孩童每天微笑 400 次，青少年只笑 17 次，成年人一整天都不笑。你们的微笑不是发自内心的，这是因为你心里承受了压力和紧张。我们能够免除压力吗？能够营造一个免于压力的社会吗？首先，我们需要有梦想、有愿景，然后再全力以赴地实现这个梦想和愿景。

问：社会竞争这么激烈，孩子没有时间放松自己。父母担心孩子无法适应社会。我们该如何处理这个情况？追求卓越的秘诀是什么？

古儒吉：你不该过度逼迫孩子，教导他们学会放松，音乐、静心和游戏都有帮助。

问：孩子爱跟别人攀比，会向父母要求别人有的东西，我们该如何应付？

古儒吉：告诉孩子你能给他的只有这些，告诉他们不应该和别人比较。重要的是，不要给他们任何虚假的希望。不过，你可以给他们一个梦想。告诉他们，只要用功读书就可以实现自己的梦想。用敏锐的感受和归属感教养孩子的重要性就在这里，如果你参与他们而不是光说不练，孩子就不会质疑你。他们会对你有敏锐的感受，而不会提出要求。在做好爸爸或好妈妈之前，你要先学会做一个好叔叔或好阿姨——也就是说，多跟孩子的朋友沟通，他们会听你的话。如果孩子的朋友有坏习惯，你可以运用你的影响力改变他们，他们会听你的话胜过听自己父母的话。同样地，别的父母也可以对你的孩子多一些关心。

问：如何把自己的文化教给孩子？他们生活在两种文化之间，这对父母和子女都是一件难事。

古儒吉：你们必须举办周末的工作坊，让他们了解。孩子可能会问你做火供（注：佛教中以燃烧贡品供给本尊）有什么意义，你要解释给他们听，让他们知道那是在祈祷让自己的生命永远以神明为中心，并且永不偏离。

你还要进一步让他们了解，将手掌放在圣火上而后碰触眼睛，象征把光明和智慧迎接到生命里。有人会问，印度为什么有这么多神明？原因很简单，神明喜欢多样性。他不会只创造一种蔬菜或一种水果，而会用许多方法示现多样性。你为什么要让神明穿一种制服？他可以选择许多不同的装扮或戏服，你应该跟孩子说明这些。我们会拿圣水（teertha）是因为它会为心灵带来和平、安详和爱。什么是祝福供品（prasāda）？它会带给你无上幸福（prasannatā）的供品。

我们为什么需要在额头上贴缤蒂（bindi，女士贴在额头上的小装饰）？它会刺激大脑下垂体。我们在思考时，通常会用手指触碰额头，做错事就会用手碰自己的后脑勺。人的脑下垂体受到刺激后，全身的腺体都会受到刺激。甚至印度的男人都会涂檀香糊（tilak），等，女人比较情绪化，因此，古代的人坚持女人要贴缤蒂是为了控制情绪。

此外，如果涂檀香糊也会增强头脑敏锐度，这些习俗已经有人做过科学研究。卡纳塔卡邦（Karnataka）人举行婚礼时有用镜子和圣水盆（kalasha）的习俗，人们会在喜宴的入口处放一面镜子并摆一个（装满水、椰子和树叶）圣水盆。宾客经过镜子看到自己的影像，脸上就会露出笑容。一个生气的人看到自己的脸，怒气就会消失。每个人都希望看到自己有一张愉快的脸，这就是在婚礼中要摆一面镜子的原因。当地人相信所有扭曲的情绪，例如，愤怒、贪婪和忌妒等，都会被镜子驱除。接着就是圣水盆，象征一个人的圆满无缺。先用镜子驱除扭曲的情绪，再用圣水盆揭示你的圆满无缺。

老师提问释疑

问：激励可以教导吗？

古儒吉：激励是由外往内"灌输"的，启发则来自内在。你可以激励一个人，但那不会持久。你也许会用奖品、奖状来激励别人，但效用很快就消失了，启发则会持续一生。

问：老师激励学生时，最需要学生将注意力放在哪一个方面？

古儒吉：你应该鼓励他们要有梦想。你应该说一些含有道德寓意和奋斗理想的故事给他们听，有了理想后，他们就会寻找角色模范，这样做有利也有弊。当孩子把某个人偶像化后，往往会认为自己达不到那样的成就。他们会认为那种成就太困难，或者认为自己不具备那种能力，这会造成他们逃避理想的借口，崇拜可以克服这个缺失。就某种意义来说，崇拜意味着以感恩的心情把对方理想化，这是一种感恩的表达，这是一种可以让你更丰富的美好特质，它可以扩展你对意识的觉知力。一味地偶像化会让你脱离现实，但缺乏典范会让你沮丧，让你在黑暗中摸索前进。

现今的小学生到大学生所以会有抑郁症，是因为他们没有典范，没有角色模范。如果找不到典范，你就无法在人生中前进。孩子不认为自己的父母或长辈具有值得成为他们理想人物的特质。一条河需要有方向才能流动，生命也需要一个方向才能前进。孩子和青少年都会寻找一个偶像，他们最常把名人（摇滚歌星、电影明星、明星球员等）视为偶像，他们会在 MTV 上找到自己的偶像。除非你有一个可以追随的典范，否则生命往往无法前进，这是自然的现象，但有利也有弊。

老师往往是学生的活榜样，这并不是说老师要期望学生把自己视为典范。一个值得被别人当成典范的人，不会在意自己是不是被视为典范。每一个老师都要注意自己的言行举止，不仅要教导人性的价值，还要以身作则，活出这些价值。孩子有一个角色模范或一个目标比较好，因为这会在他们身上诱发出他们的崇拜特质。

崇拜意味着感恩、爱、信心和信任，这种深沉的情感需要一个表达的出口，让孩子表达感恩是一件好事。如果人与人之间缺少感恩和相互尊重，这个世界就不是一个值得居住的地方，我们需要在人们身上引发这些特质——对彼此和对每一个人的崇拜之情。崇拜的精神在西方世界已经受挫许多年了，这种现象也在向东方蔓延。我们不仅不该阻止崇拜的精神，反而需要加以鼓励。自从人们停止对别人的仰慕和尊重以后，社会的暴力变得越来越多。想象一下，那些喜欢动枪动刀的人，如果对别人有一些尊重和崇拜的精神，我们的社会将会多么不同。崇拜什么都无所谓——树木、十字架、一个人或一个符号，崇拜什么并不重要，重要的是那一份仰慕之情。即使是崇拜一个摇滚明星也无所谓，重要的是那份感情必须是发自内心的真感情。这一点很重要，你们不应该反对学生对别人的尊敬、爱慕或偶像崇拜。

在东方人的传统里，孩子每天都要敬拜自己的母亲、父亲、上师和任何来到家里的客人。孩子也许会和父母吵架，但第二天早上，他们就得向父母鞠躬请安，为昨天的错误道歉，作为新一天的开始。即使他们还会跟父母吵架，至少前嫌已经尽释，并重新开始了。

生命是多彩多姿的，我们必须接受生命呈现出来的酸甜苦辣和五颜六色。今天，我们需要教育人们表达更多的爱慕、崇拜和感恩。你们不应该对崇拜、感恩、爱和欣赏这一类的感情感到恐慌。反之，你们应该对周遭的暴力、傲慢、粗暴的语言、愤怒和挫折感到恐慌。

问：现在的大学校长和教授会说教书是做生意，学生是顾客。什么才是正确的态度？

古儒吉：我们对做生意的态度不够尊重，瞧不起任何与生意有关的事情。我们鄙视有人把修行当成生意，教育和政治也一样。好像生意是一件可怕的事，任何人都不能碰触一样，这种态度让我们的社会、国家和文明付出了重大的代价。资源稀少的葡萄牙曾经占领绝大部分的南美洲，葡萄牙的面积比马哈拉施特拉邦（Maharashtra）还小，也许和凯若拉邦（Kerala）相等。葡萄牙人却占领了巴西。西班牙的面积或许和中央邦相等，却占领了中、南美洲。这是因为他们尊重生意。

印度人会习惯性地贬低生意，把做生意当成犯罪一样，生意绝不能被视为犯罪，应该得到应有的尊重和地位。印度从来没有占领过任何国家，无论以战争或以交易的方式。当然，印度的智慧远播到亚洲的北部、东部和远东等地。世界各地的人都来印度购买货物到别的地方去卖，我们的商人旅行的范围既不广也不远。我们从来没有把印度文化传播出去，但现在要采取不同的做法了。

生意应该受到尊重。我们也该以做生意的心态来经营教育机构，否则，教育就无法发展，甚至无法存活。但在经营的同时，不要失落了人性的价值，教育领域要维持生意和人性价值之间的平衡。你必须像尊重神明一样尊重你的顾客，如此才是一个真正的生意人。因此，校长认为学生是顾客并不重要，但他们要知道顾客就是上帝。如果他们把顾客变成心目中的上帝就无所谓，就可以把办教育当成生意来做。

问：我们是怎么学会怕犯错的？

古儒吉：有许多人不怕犯错，许多不怕犯错的学生被学校退学后涉及暴力活动。根据最近的统计显示，北美洲有将近30%的学生涉及暴力活动。这是一个相当高的数据，他们会涉及暴力的原因是他们不怕犯错。北美洲一定还有30%的学生会害怕犯错，这些怕犯错的学生对冒险没有兴趣，他们会逃避它。

理想的态度是取得两者的平衡。我们会怕犯错是因为怕承担犯错的后果，认为犯错会受到惩罚或者犯错的后果很严重。通常，犯错被惩罚过几次的人，就不再害怕犯错了。我们很难完全消除恐惧，也不应该这么做。恐惧就像在食物里加的盐巴一样，恐惧会让人有一份谨慎，让人脚踏实地，但恐惧的重要性只能维持在某一个程度以内。盐巴加太多的食物就难以下咽，但不放盐巴的食物你也吃不下。

有一点点恐惧对成长的过程是重要的，这是大自然在你身上内建的机制。你会在马路的右边或左边开车，是因为你害怕车祸。你会在人行道上走路，会在绿灯亮时过马路，因为你会恐惧。如果完全没有恐惧，你势必会违法乱纪。人们会守法就是因为恐惧，这种恐惧是好的。然而，太多的恐惧对你毫无帮助。你要像在食物里的盐巴一样，维持适当程度的恐惧感。

问：我教学生时，大部分时间都在处理他们彼此相处的不良行为。他们说这种行为是可以接受的，但我觉得他们的行为很堕落，还会说不堪入耳的脏话。

古儒吉：如果让这些孩子多做一些肢体活动或运动，他们的怒气或语言暴力就会减轻。一般来说，大量参与体育活动或肢体活动的孩子，不会有严重的语言暴力问题。问题是那些从事软性游戏的孩子，他们不需要肢体活动，这些孩子比较有语言暴力。当他们表现出不尊敬或有语言暴力时，老师可以模仿他们。然后再告诉他们，这就是他们讲话或动作的样子，问他们这样做好不好看。孩子看了会觉得不喜欢，就会停止了。你可以模仿他们，或者用好玩的方式表演他们的行为，让全班同学发笑。然后，整件事就变成一个游戏或玩笑，而不至于造成紧张或不愉快了。这样做完以后，你必须马上停止。你现在掌握了一个更有效的方法制止他们的语言暴力，因为全班同学都变成了你的后盾。否则，你很可能责骂那个闹事的孩子，这么做会让同学转而支持他。只要运用一点幽默感就能化干戈为玉帛，班上所有的同学都会支持你，因为你让他们在欢笑中结合起来了。这是掌控班级的一个技巧，幽默是把无礼冒犯转变成尊敬的杠杆，单纯地给予忠告或智慧是无济于事的。

有的学生脸皮很厚，幽默的方法不会有效果。这时候，你要采取行动，但不要做反击。用沉默的方式加上一点冷漠的态度，你应该忽视他们，如果这么做还是没有用，你就要提高音量了。你越能保持稳定，超越那种处理方式的概率就会越低。

问：如何激励对学习没兴趣且家长又没受过教育的学生？

古儒吉：你应该使用更有影音效果的教学法——更有趣、更能吸引学生的注意。如果你在教室里一直讲历史，学生很快就被你催眠了。如果你采用影音的方式呈现教材，学生就会对历史更有兴趣，以色列人这方面做得很优秀。我去耶路撒冷时，他们坚持要我去看一个时空模拟器。进入那个时空模拟器，只要20分钟就可以穿越整个以色列的历史——从摩西时代一直到现在，你会有身历其境的感觉。学生看到这种展示，就可以"体验"历史，而不是死读历史书，不必死背那些与生活无关的历史年代，造成这么大的心理负担，学生用这种方法学习反而记得更多。历史、地理、生物、化学、物理等科目都可以采用这种方式，提升为计算机化教学。

今天的环境可以让我们这么做，每一件事物都可以变得更有互动性，这么做会让你的教学变得截然不同。

问：孩子躲避那些有行为问题的孩子时，该如何处理？

古儒吉：让所有的孩子围坐成一个圆圈，让那个有行为问题的孩子坐在中央，再叫每一个孩子跟中央的孩子握手。你也可以叫同学们跟他跳舞，或者写一张问候卡给他。或者，你可以征询同学的意见，问他们该如何帮助那个孩子。你可以告诉同学，躲避他会让他感到很难过，这么做会引发他们的慈悲心。你也可以请同学帮你一个忙，去跟那个孩子谈话，或者送他一朵花或礼物，这么做会让同学因为帮老师的忙而自豪，同时帮助了被孤立的孩子。那个需要帮助的孩子也许不愿意听老师的话，但却会接受同学的规劝。那个去规劝他或跟他讲话的同学也会感觉自己很重要，因为他帮了老师一个大忙，这个过程可以提升助人的和接受帮助的孩子。这就像在进行同伴辅导一样——不只是学业的辅导，还有行为的辅导，我们需要在这一世代的孩子身上多培养助人的情操，今天的孩子会创造明天的社会。教导他们了解人性的价值不只是我们的希望，也应该是我们的责任。

现今的孩子心中已经被种下了暴力的种子，他们的玩具和电玩游戏多数都含有暴力，也因此都是非常丑陋的，这种暴力已经烙印在他们的系统里。孩子已经感受不到他们与生俱来的美好特质了。电视节目也让孩子对暴力无动于衷，电影甚至卡通也都充满了暴力，暴力已经储存在孩子的意识和潜意识里了，孩子几乎看不到任何有关团结和合作的节目。这并不是说节目里不能有任何打斗的情节，但内容太多就会影响孩子的心灵，以微妙的方式制造无意识的紧张。等他们到了10~15岁时，这种紧张就会表现在他们的脸上。孩子的内在受到束缚，不再是他们原本洋溢着喜悦与幸福的泡泡了。

我们必须想办法创造一个正面成长的气氛，现在的小学到大学里完全缺乏非暴力的教育。老师应该讲那些强调慈悲与服务的故事，这类故事有助于开发孩子内在的正面特质，孩子会在每只动物身上看到生命和情绪。在孩子的眼里，大象、熊、蜜蜂和所有的动物都会说话，孩子认得出动物与生俱来的生命，全世界任何一个孩子都会在所有动物身上看到生命和情绪，这是极其自然的事。我们小的时候，大人会吓我们，说如果你杀死一只蜥蜴，以后就会投胎做蜥蜴，杀生是一件很敏感的事。如果你砍倒一棵树，你必须在同一个地方再种五棵，否则，你的生活就会出问题。那时候的人都秉持这样的信念。

教室是灌输这些价值的理想场所。教室也具有非常重要的意义，因为学生大部分的时间都在教室里度过。老师应该讲一些启发性的故事给他们听，让他们了解非暴力的价值和暴力的可耻，让孩子知道慈悲是高贵的象征。这一类故事的确会带来改变，你要通过引发他们内在的正面特质和启发性的人性价值，让孩子对暴力产生厌恶感。如果你教导孩子爱惜一只蝴蝶，他们对众生的尊敬心就会成长。你要教导孩子有宽广的胸怀，愿意与人分享，鼓励他们把自己拥有的一切与别人分享。小孩子经常会有抓住东西不放手的倾向，你应该在他们很小的年纪就训练他们培养分享的习惯。比如说，给孩子一盒糖果，要他去分给每一个人。分享是人的天性，我们必须让孩子培养和维持这个天性。

问：我担任一个轮流教学的工作，每星期只上一个小时的课。时间上的间隔，让我很难和学生建立联系。

古儒吉：教学不在于时间的长短，重要的是时间的质量。我和学生有时一年只见面两天，但两天已经足够了。你应该和学生建立个人的联系，指派一些工作或练习给他们，下次见面时关切一下结果。

身为老师，你必须指出他们的错误，但不能让他们对犯错产生愧疚感。如果你让他们有愧疚感，他们就会变成你的敌人（至少会认为你是他们的敌人）。你这么做的同时，要让他们知道错在哪里。这是一个很深的技巧，运用得好就会创造一份归属感。师生之间建立了归属感后，你就可以指出他们的任何错误，而不至于让他们产生愧疚感，你们的关系里会有爱。

一般情况下，你会说出别人的错误，这是因为你爱他们。你不会随便跟一个路人说出他的错误，你不会在乎他犯了什么错，或者你并不爱他。你会指出一个人的错误是因为你关心那个人，你想帮助他。如果对方不了解你的用心，你就要改变方式，让你或对方都不会因此有愧疚感。

问：为什么品德是学生生活中一个很重要的层面？

古儒吉：学生现在学到什么都会表现在以后的生活里，这就是为什么学生生活是一生的基础。你知道会发生什么吗？很多情绪会在他们心里生起，他们在求学的年纪也会有许多情绪生起。你给学生一个正确的方向，如果他们以适当的方式运用这些情绪，学生的能量就会导向一个截然不同的方向。否则，这些能量会被扭曲，坏习惯和坏行为就会跟着产生。

问：老师纠正青少年的错误时，应该抱着什么样的心态？

古儒吉： 学生犯错时，不要放在心里，不要为了这个错误闷闷不乐。我们知道学生犯错时，往往会生气或暴怒，因为学生犯错而生气就是犯了更严重的错误。因此，先把学生的错误当作自己的错误，然后再给他们忠告。我们的手指经常会戳到自己的眼睛，吃饭时也难免会咬到自己的舌头。你不会无聊到说："牙齿，你胆敢咬舌头，我把你全部打断。"有一句俗话说：生气时砍掉的鼻子，不会在你心平气和时长回来。因此，当你用一根手指指着别人说"你"时，另外四根指头指着的是"我们"（古儒吉伸出食指）。这么做会发生什么事？如果你说："你是坏人。"那么你就比他坏三倍；如果你说："你是好人。"那么你就比他好三倍。因此，指责别人时不要只伸出一根指头，要把五根指头都伸出来。换句话说，不要这样做（古儒吉用食指指着），反之，你要这么做（古儒吉把整个手掌伸出来）。这个小动作里包含了完整的知识——"你或你们。"

　　如果你做错了什么事，你会说："哦，不小心发生的，别管它。你以为我是故意做错的吗？你以为我是故意说错的?"你会替自己找理由，"哦，我只是开玩笑罢了，你以为我说这话是有意的吗?"如果换了别人犯错，你会说："他们是故意的，他们是因为忌妒才这么做的，他们是因为我执才这么做的。"你想找出别人犯错背后的意图，我们会争辩并合理化自己犯的错误，却说别人是故意这么做的。这种态度不对，是吗？即使别人犯了错，你也要了解他们这么做是因为没有觉察、没有是非观念、没有记忆，他们处于一个遗忘的心理状态。这样想，你的心灵就变得平静了。

问：古儒吉，在座的有印度籍的老师，也有我们这些来自西方国家的老师。你能指导我们如何教养和管理孩子吗？虽然我们来自不同的国家，但我们都有教养孩子的问题。这些问题有共同适用的解决方法吗？

古儒吉：如果你懂得如何教养孩子，你就已经学会骑马了。你应该先学骑马，你是怎么骑马的？你手上握着缰绳，有时候放松，有时候抓紧。如果你抓得太紧，马就无法前进；如果你放得太松，马就会不听指挥。这就像穆拉纳苏定的故事一样。听过这个故事吗？有没有？

穆拉纳苏定有一次骑马进城，他一直在同一个地方绕圈子。有人看了觉得好奇，就问穆拉："你为什么在一个地方骑了这么久的时间？你想去哪里？"穆拉回答说："我怎么知道要去哪里？你应该问我的马它想去哪里，我的马要去一个地方，我只是坐在马背上而已。"因此，如果你给孩子很多自由，很放任他们，让他们太散漫，他们长大以后就会怪你没有教好他们。

许多家庭会发生这种事，父母觉得自己完全不该责骂孩子。如果你这么做，他们就会毫无能力接受别人一点点的辱骂，他们会变得很不爽，他们会变得毫无能力接受生命中任何的不如意。因此，偶尔骂骂他们，拧一下耳朵，叫他们做点事情会很有帮助，但不要做得过度，这种方法要有个限度。

做完以后，不要有愧疚感。最困难的一点是，父母惩罚孩子后，会觉得很愧疚。"噢，可怜的孩子，你这个小家伙。我不该对这个小家伙这么做，我是个坏人，我就是这种人。"停止对自己的谴责，不要这么做，偶尔打他们一两下是可以的。每一种方式都是达成目的的方法。

问：你建议老师该如何灌输自信心给孩子？

古儒吉：在灌输自信心给孩子之前，重要的是先认识自己的错。我们发现自己的错误时，会发生什么事？我们的自信心会减少、会降低，这是其一。另外一点是我们的生命能量（prana shakti）会减少，勇气也跟着减少。你们应该要增加自己的生命能量，懂吗？当生命能量增加时，你的热情也会增加，自信心也会增强，你的心灵是快乐的、愉悦的。我们有了自信、活得快乐，就可以创造一个美好的社会。创造一个美好的社会掌握在我们的手里，你们都应该团结起来做这件事。你们现在都学会了这个知识，应该把这个知识告诉你们的朋友、邻居和每一个人。你们都可以变成这个工作的老师，可以教导每一个人，这才是真正的训练、真正的教育。

所有这些练习做过一段时间以后，如果你每天至少做10~15分钟的静心，心灵就会变得很坚定，许多人已经体验到一些改变了。我们花10~12年的时间学习识字、升学、拿学位，但我们从来不花时间学习生命的事。这就是我们把基金会取名"生活的艺术"的原因——活出生命的艺术，学习与生命有关的事物。如果我们把一星期的四五天用在这个目的上，我们就会感觉充满热情。当我们把这个知识传播给每一个人，让每一个人都学会这些美丽的原则，快乐就会在社会里散播开来。

当生命遇到困境时，我们需要保持更大的祥和。当心灵祥和时，你就会得到正确的思想。当心灵受到干扰或有忧虑时，你就无法适当地思考。当你陷入困境时，当事情每况愈下时，做一下呼吸法。静坐时，心灵会变得稳定、坚定，你可以在这个时候思考，采取适当的决定，这是必须做的。人们通常都怎么想？他们认为当一切顺利时，当我们没有任何问题时才要静坐，事情不是这样的，我们永远都应该静坐。

条条大道通罗马，你可以选择其中的一条。比如说，你想来班格罗，你可以从许多不同的地方和方向过来。但知道所有的路线会让你得到什么？不需要。我们只需要知道如何从自己所在的地方过来就好了。所以，静坐吧！

问：古儒吉！我们可以教孩子学净化呼吸法吗？几岁开始教比较合适？

古儒吉：8~10 岁时开始教就可以了，这个年纪以下的孩子会很自然地活得很快乐，他们的心灵在任何情况下都是快乐的。

今天在场的各位年龄都在 15 岁以上吧？（笑声）我们谈过饮食问题吗？试着在一两天的时间内只吃天然食物，等你们下次来时，我们会在静心所安排纯天然的食物。吃天然食物时，心灵会变得非常轻快，你自己可以察觉得到。我们经常抱怨孩子不专心、不用功读书，但你给他吃的食物就会让他那样。如果你给他们吃油腻又丰富的食物，这种食物就会降低脑力，要注意你给孩子吃的是什么食物。

问：你对今天的教育制度有什么看法？

古儒吉：缺乏可以把孩子转化成负责任的人的要素。教育制度变得太机械化，我们在用这部机器把学生制造成机器人，我们需要为他们打造良好的人格。教育制度缺乏人类潜能的全面发展，全方位的发展是必要的。

问：一个课业繁重的学生应该做什么服务？

古儒吉：你必须兼顾读书和服务，做多少服务并不重要。你应该按照自己的能力提供服务，但要全心投入，这样的服务就和那些有很多时间做服务的人一样。你应该花一些高质量的时间和父母相处，和父母相处时，不要给他们建议，不要跟他们说什么可以做、什么不可以做，长辈需要的是你的陪伴。和他们相处时，只要唱歌、游戏、说笑话或用餐就好，你该谈一些他们有兴趣的话题。他们对聆听智慧没有兴趣，也不想跟你学什么新的技巧，不要当他们的老师。当然了，偶尔秀一两句智慧之语无妨。但是，你必须看看他们是否有吸收；如果没吸收，只要陪伴他们就够了。

你不能只做自己喜欢的事。你要清楚地知道读书是为了自己，否则你的生命无法前进。你并没有每天用爱心刷牙，如果你不喜欢刷牙，你的牙齿很快就会掉光。你知道这对你的健康有益，而且也很重要。同样地，生活中有些事是不可或缺的，读书就是其中之一。养成每天早上先读经典的习惯，同时至少做 10 分钟的调息法，你的呼吸无论如何都在一进一出，所以你就用调息法来引导它。如果这么做可以祛病强身，为什么不做呢？就像刷牙维护牙齿的卫生一样，调息法可以维护心理的卫生！你需要读书才能拥有敏锐的理智，否则以后就会后悔。

你买一件洋装，回到家也许会发现自己不喜欢。理性瑜伽（Buddhi yoga）是最好的。随心所欲行动（Manmaani karma），意指跟着感觉走会招来痛苦。上师元素（Guru tattva）就是明辨力（viveka），至于上师是谁有关系吗？领受知识，继续前进就够了，不需要担心上师是谁。

问：孩子考试时，父母要经历很多焦虑，你建议我们该如何处理？

古儒吉：你需要平静，并且要确保让孩子也保持平静。你不应该给他们压力，尤其是他们要出门考试时。你不应该问一些让他们紧张的问题，比如说，你功课都念好了吗？读的内容都记住了吗？这些问题会让他们慌张，也可能影响他们的成绩。

问：古儒吉，如何让孩子修习？如何把修习变成教育制度的一部分？

古儒吉：我们不该让孩子感觉修习是一件严肃的事，应该是让他们乐在其中的一种游戏，这也是我们设计"ART Excel 全方位卓越训练课程"的原因。"YES！青年活力营"是为青少年举办的课程，孩子可以在这些课程里看到自己的压抑和障碍——如何产生？如何克服？如果有人穿了一身脏衣服，你可能不想跟他正式说话，这就变成了心中的一个障碍和压抑。

面对一位留着长发和胡须的圣者，你就会中规中矩。你也许对一个女演员说的每一句话都念念不忘，你在圣者和女演员面前会有不同的行为表现。这意味着我们无法跳过一个人的肤色和穿着，去看那个人的内在。我们在心灵里竖立障碍，无法穿透表象看到人的内在。

我们的课程，就是要训练孩子拆除任何年龄段的障碍。一般而言，孩子不会把他们与同学或同伴分享的事情和父母或长辈分享。孩子们彻底地享受"ART Excel 全方位卓越训练课程"和"YES!青年活力营",至于要不要纳为学校课程的一部分,我还有点迟疑,原因是学校课程里没有任何可以让孩子享受的部分。一般来说,孩子会享受课外活动(笑声)。

问:身为老师,我曾试着把人性价值灌输给孩子,我发现每当我偏离正课时,孩子都会觉得无趣。

古儒吉:你认为孩子对正课很有兴趣吗?他们不会,你需要把课程变得很有趣味。我们的经验刚好相反,每当我们教不同于学校课程的东西时,孩子都会着迷,欲罢不能,不让老师下课。并非任何课外活动都是有趣的,有趣味、有互动性和伴随游戏的课程,就会引起他们的兴趣。

问:古儒吉,你真的很令人惊讶。请建议我们如何把修习的观念灌输给孩子?

古儒吉:你需要跟他们讲一些圣者的故事或神话故事,你要规定他们做一些服务活动,养成他们"付出"的习惯,培养他们对爱的音乐的兴趣。读书对孩子的生命是重要的,而父母与上师对他们的生命也一样重要。父母责备孩子不用功读书，因为他们会担心小孩子的前途。因此，他们会要求孩子多读书。孩子读书时不应该有害怕的感觉，他们应该记得我始终与他们同在，教育和成功对生命一样重要。如果孩子一个人无法专心念书，可以找两三个同学一起。

如果功课变成了负担，那就该把它当游戏看待，公式可以用朋友的名字或以故事的方式来记忆。这会让他们很快就能记住。

问： 古儒吉，我是高中老师。碍于学校的规定，我无法给学生的考试成绩加分，这让我有愧疚感。我没有用鼓励的方式公平地对待成绩落后的学生。同时，校方又说我不该让同学留在学校，因为这样做会危害学校。我感到左右为难，请给我建议。

古儒吉： 首先，你们的教育制度是失灵的。第二，你们的考试制度有瑕疵。许多学生很了解课程，但他们的成绩不好，因为他们无法在考试卷里表达出来。也许有许多学生对课程没有兴趣，考试成绩也不好。这两种学生不应该以同样的方式处理，你应该依照你的直觉去做。如果用功的学生考不及格，但成绩很接近过关，你应该让他可以过关。

问：如何提升孩子的接受能力？

古儒吉：如果你人坐在这里，心却跑到别的地方，这就不可能有接受能力。当你的心灵被太多野心堵塞时，你就不会对任何与野心无关的事物有兴趣。即使有关，心灵还是会进行它的白日梦之旅，它会听一句话，接着又跑开继续做白日梦。比如说，有一个人的野心是当总理，别人也说他具备当总理的所有可能性，他的心灵马上就会踏上那个总理之旅。如果你的心灵塞满了念头，感知力也会降低。造成心灵敏锐度降低的另一个因素是风与空间元素（vata）的失调和土水元素（kapha）的失衡。

　　当一个人饱受感官刺激的轰炸时，他的心灵也不会有接受能力。你观察过这个现象吗？看完 3 个小时的电影后，有人跟你说话，你就无法掌握他说的内容。让自己处于静默中，并规律地做调息法可以提升接受能力，适当的饮食和较少的野心也有帮助。

问：教育何时才会变得有意义？

古儒吉：当教育培养出一个出类拔萃的人，而这个人又拥有足够的力量时，教育就有意义了。我们的生命应该像椰子一样，我们忙碌投入的事物应该只是像椰子的外皮，身躯则应该像椰子的壳，心智应该像椰子内部白色的果肉，心灵应该就像甜美的椰子水，我们的文化和传统是以科学的推理为基础的。

问：为何其他人对我们的看法会困扰我们？

古儒吉：你应该要从激起你内在的各种情绪感觉的按钮里解脱出来，如果有人知道如何激怒你，那么他就掌握了一个让你恼羞成怒的按钮。你应该培养一个坚强得没有人能羞辱你的人格，这就是"YES！青年活力营"带来的结果。参加这个课程后，你会变得非常坚强有力，也不会介意别人的批评。

注意力和记忆力不良是阻碍学生成长的真正问题。想摆脱这些困扰，你需要做一些练习，饮食也要注意，因为食物会增加心灵的能力，你需要学会一些练习才能真正地专注。然后，你的心灵就会强而有力，会像激光光束一样专注，也会有过目不忘的能力，呼吸可以帮助你达到这个效果。

你还需要和老师建立亲密的关系，你要能够和老师分享自己的心事。这一点很必要，因为你心里有许多事无法跟父母讨论。如果你连老师都不能讨论，那么唯一的方法就是闷在心里，让压力不断地累积。你也许找不到愿意帮助你的老师，这时候，你要迈出第一步，主动与他们联系。许多中小学生和大学生变得非常沮丧、生气、挫折，当他们感到混淆时，需要找一个可以交谈的人。如果他们和老师或讲师有很好的联系，那么大部分的紧绷都可以通过这种交谈得到释放。接着，就会有一种乐趣和轻快感，这种类型的咨询是有需要的。

老师或讲师可以扮演咨询师的角色，但学生需要对他们敞开，他们的目标应该是培养一个免于压抑和混淆的心灵。然后，读书就变得比较轻松了。

总结：

1. 学生应该每天交一个新朋友。

2. 学生应该经常微笑，不管碰到任何问题都要微笑。你不是机器，不需要像被程序设定了一样，只要一被别人羞辱就生气，应该微笑，你有接受或拒绝负面批评的自由。

3. 学生应该采取行动改善生活。

4. 学生应该和老师建立一对一的关系，和他分享你的想法和感受。

问：你谈过坚强的重要性，一个可以承受任何羞辱的人格。身为一位指导老师，我该如何强化学生的人格？

古儒吉：压抑会抑制人格的发展，你必须检视这些压抑，如何把它们找出来。有些男孩在女生面前会紧张，有的女孩在男生面前也会害羞得不敢讲话。因此，你需要检视这个问题，学生也会过度思考或担心别人的看法，我感觉他们应该有接受批评的力量。然后，任何事都无法让他们失去平衡了。我们在"YES！青年活力营"中会做许多可以强化人格领域的过程，这个课程总共 16 小时——平均每天几小时而已。

问：每年有 50 万个学生参加 X 和 XII 级考试，激烈的竞争让家人也跟着承受紧张压力，该如何应付？

古儒吉：让他们做一些调息法、风箱式呼吸法（bhastrika）和净化呼吸法等的练习。

问：克里希那穆提（Jiddu Krishnamurti）采用回避竞争的教学法，你对这一点有任何评论吗？

古儒吉：所有竞争的对象都应该是自己——你去年的表现如何？今年的表现又如何？当你与自己竞争时，你就会有更好的表现。你无法完全避免孩子之间的竞争，但你可以把竞争导引到一个正确的方向。

问：如何消除错误教育的影响？

古儒吉：我们在少年感化院针对犯罪的孩子做过一些工作，

监狱里的孩子都很暴力。我们在那里进行过一些建设性的教育和开拓他们对人性价值的视野。

问：如何选择生涯？

古儒吉：你做你的选择，我做我的祝福！生涯选择往往很困难，在许多选项中做抉择会让人感到混淆——工程、医学、建筑、会计师等。如果你有一种以上的专长会觉得更混淆，在那种混乱中，稍微受点煎熬是好事，重要的是你要百分之百地投入你的选择。你也许选择医学，但后来又觉得工程比较适合，或者过一段时间，又认为自己该走会计师的路。这些都是幻觉，每一种职业都一样。

唱场（satsang）提问

问：你能谈谈教育问题吗？

古儒吉：教育包含五个层面：

　　1. 信息：我们经常认为信息就是教育，但信息只是教育的一个层面。

2. 观念：观念是所有研究的基本，在创造之前需要先有观念。

3. 态度：教育的另一个层面是正确的态度，在正确的时间和地点表现正确的态度，决定了你的行动和行为。

4. 想象力：想象力是创造和艺术的首要条件，但沉溺在想象里，就可能变成精神病。

5. 自由：自由是你的本性，喜乐、慷慨和其他人性价值只会伴随着自由一起绽放。没有自由，态度就会僵化、观念就会变成负担、信息就毫无价值、想象力也会停滞。

问：我是学生，我对这里的教育制度很感动，请告诉我，我离开时能带什么价值回去？

古儒吉：尊师重道。印度的教育制度很注重尊师重道，西方的中小学和大学里已经失去了这个层面，敬老尊贤也是印度文化优美的特点。

问：修习能提升学业的进步吗？

古儒吉：绝对能。英国最近有一项研究显示，学习梵文的学生，数学会有卓越的表现，大脑里的语言功能也变得更好。

这些学生能够轻易地学习语言——中文、英文和俄文，英国有三所小学把梵文列为必修的科目。另一项研究探讨印度人何以会在信息科技上有卓越的表现，据研究结果显示，印度人的大脑似乎比较适合计算机操作，这是因为印度人懂梵文的缘故。因此，不妨让孩子学习一些梵文。

除此之外，还有一些研究显示，调息法可以提升孩子的学业成绩。练习调息法的孩子比较平静、更专注，头脑的敏锐度也更高，理解力和吸收力也会变得更好。有一些这方面的优点已经得到证实了，可以上网了解"YES！青年活力营"在提升孩子学业成绩上的相关信息。

问：为什么并非人人在年轻时都热衷于社会服务？

古儒吉：热情一定有。没有一个颗心对悲惨的景象是无动于衷的，在某个时间每个人都应该想做一些服务，我们不能说我未来不做服务。

问：年轻人如何处理生命中的得失起伏？

古儒吉：我也是一个年轻人！生命是一切的综合——成功和失败，成功和失败彼此互补。你失败时会体会到成功的价值，失败是成功的垫脚石，你需要继续前进。问自己，我过去学到些什么？我对未来的愿景是什么？这么做会让你继续前进。你需要沉着冷静，需要摆脱压力。

你是人生棋盘的下棋者，不是棋盘中的兵卒。做兵卒就是由别人摆布你，你没有掌控权。你必须做下棋的人，赋予自己能力。这就是"生活的艺术"课程能帮助你的地方。

问：造成许多人缺乏自信的问题出在哪里？我们该怎么做才能减轻这个影响？

古儒吉："YES ＋"和"YES！我们可以！"这两个课程可以解决这个问题。我们在欧洲办过"YES！我们可以！"课程，总共有 140 个来自欧洲各地的青年参加，你该看看他们参加课程前后的变化有多大，他们的自信都获得很大的提升。

问：我们应该给青少年多少自由或限制？

古儒吉：你已经忘记了，因为你度过了那个阶段。你不记得自己经历过的混乱，也不了解他们目前经历的混乱，荷尔蒙在他们的身体里产生大量的变化。跟他们握手，温柔地牵引他们走出这个混乱期，青少年的疯狂只会持续几年的时间。除了生理上的混乱，他们也要经历心理上和情绪上的大混乱。孩子满3岁以后，就会经验忌妒和占有之类的情绪，一直持续到青春期为止，有的人一生都走不出青春期的混乱。心理的混乱是他们的大问题，青春期是一段艰苦的岁月，处理青少年问题需要很大的耐心，你要像朋友或哲学家一样，给他们一些空间，同时，在必要时插一脚，你不应该始终保持纵容的态度。

先知那拉达（Narad，译注：《爱的金玉良言》Bhakti Sutra的作者）说："瑜伽意味着让心智的倾向安静下来。""瑜伽就是将自己从所见的景象带回自己（看的人），并安住在本我的技巧"，也就是深入自己内在并稳定在本我（看的人）的技巧，这个观念指出要静坐，接着才会有三摩地（入定）。你的心灵会变得完全平静，你会短暂地体验到全然的空无。

问：你对青少年的父母有什么忠告？

古儒吉：我们有很棒的课程，例如，"认识你的小孩"工作坊，就能帮助父母了解自己的子女。

问：青年在世界里的角色是什么？

古儒吉：目前世界正面临某种程度的停滞，青年有很好的机会创造一个新世界，世界需要一个新的典范转换，这个转换将在印度启动。金钱的繁荣不是真正的繁荣，印度带给世界的是诱发出人类的生命力和热情。生命是热情、是爱、是慈悲、是创造，如果这一切在你的生命中消失，你就会变成一个活的死人。

问：社会有许多吸引人和供人消遣的事物，但年轻人还是会感到无聊。

古儒吉：年轻人感到无聊是他们的福气，如果他们感到满足，成长就会停止。当他们感到无聊时，内在的追求就发生了。他们不会满足现有的一切，这是他们迈向内在之旅的第一步——向内在之旅跃进，向灵性之路跨出一步。当你对周围的事物感到无聊时，追求更高成长的兴趣就点燃了。当你找到内在喜乐的源头时，你周围的每一件事物都会明显地反映出这个喜乐的源头，你开始对每一件事产生了兴趣。持续不断的感官刺激会造成死气沉沉，死气沉沉也是无聊的一种形式。当生命能量（prana）的水平提升时，你就从死气沉沉进入热情洋溢的状态了。

问：亲爱的古儒吉，你谈过不动心，那么热情呢？

古儒吉：我认为当人们只为了金钱而从事一个事业、生意或专业时，金钱就变成了他的热情。你不认为年轻人应该跟随他们的真心所要、热情和梦想吗？你应该有梦想和热情，你应该追寻它们，但不要用狂热的态度追寻。如果你想去一个旅游胜地，做一些必要的安排后就上路。如果这个念头深烙在你的头脑里，让你不断地想着这件事，你最后可能会跑到另外一个地方。狂热让你的心灵失去清明，让你无法有正确的观念和思想，热情和不动心是互补的。不动心可以把你带回核心，让你稳定下来，让你平静。热情会驱动你追逐想要的事物，深度的休息和活力充沛的活动是相辅相成的。如果身心没有获得深度的休息，你就无法干劲十足，一个没有睡觉的人完全不可能感到精力充沛。同样地，如果没有处于不动心，你就不会有热情。你只会对欲望有一股狂热和渴求，却没有付诸行动的能力。

问：古儒吉，你能谈谈年轻人能够为社会和国家做些什么吗？

古儒吉：年轻意味着热情、乐趣、预备做任何事情的态度和创新的动力等，这些就是年轻人的特质，你们都具有这些特质。

　　社会上的几百万人都能在心中保有这种青春活力是很重要的，我们必须在这个阵线上快速地散播。一个村庄里只要有十个热情洋溢的青年，就会为这个村庄带来相当大的改变。他们有能力革除社会上盛行的贪腐和狂热盲信。我举两个例子给你们听。

　　孟买有一位懂法语的女士来见我，要求我派她去一个可以提供法语服务的地方。我对她说，想去哪里你自己决定，我们负责帮你安排一切。她选择去科特迪瓦，那里有宗教的冲突，她去的那个村庄情势很紧张。

　　她在一个村庄里开办了"生活的艺术"课程，接着，又在另一个敌对的村庄里办了一个课程，把两个彼此仇视的团体结合起来。一派的教徒到另一派教徒的村庄盖了一间学校，另一派教徒也替那派教徒的家庭盖厕所，他们通过彼此协助解决了宗教的冲突，当地有10~15个村庄的问题都解决了。2008年，科特迪瓦政府颁奖给"生活的艺术"基金会，感谢他们在当地的杰出成就。

　　也许有许多人听过马哈拉施特拉邦的凯提瓦地村，那个村子里没有标示种姓的指示牌，全村只有一个写着"神性社会"（Divya Samaj Nirman）的广告牌。几个人负责为该村600个家庭举办了"风、水、声工作坊"（Nav Chetna Shivirs）和静心营，一个原本恶名昭彰的村庄现在每天都举办唱场（satsang），村子过去盛行的吸毒和酗酒事件消失了，卖酒的商店已经关门了，家家户户都装了无烟的炉子，全部村民现在都从事有机农作，村子里唯一的一家商店没有店主，所有商品的价格都印在商品上，客人挑选想买的物品后，再把钱放在一个盒子里。

这个声名狼藉的村庄，如今摇身一变成为当地的模范村。政府颁给他们"清洁模范村"的荣誉和一笔奖金。还有几个青年，凭着他们的热情让达拉维（Dharavi）贫民窟改头换面。这个全亚洲最大的一个贫民窟现在有了一所学校，以往在街头流浪的孩子都回到学校，并且以一流的成绩毕业。

德里的青年也分享了他们的"公民行动计划"，连当地的政府都对他们充满热情的工作感到惊讶，他们的工作至今还没有完成，这些年轻人每一个人都拥有一股庞大的力量。我们的青年有热情和知觉，我们也看到许多愤怒但有热情的青年，现在的青年很容易变成这样。我们希望年轻人有热情的同时，又有知觉——以喜乐之心达成目标的青年。这个目标就是提升我们的社会，社会里的任何人都不该为了饥饿或忧郁受苦，任何人都应该得到公平正义的对待。

问：年轻人充满了攻击性，我们提供他们需要的一切，但他们还是不满足而且过动。如何驯服这些过动的孩子？尤其是那些会伤害别人的孩子？

古儒吉：带他们来上我们的"YES！"和"YES ＋"课程，德里的孩子上完这些课程后，他们的父母都很纳闷我们做了什么，让他们变得那么乖巧。他们做梦也想不到孩子上完课程，会有这么大的转变，这些本来仇恨父母的孩子开始对父母表达关心。

他们会寄卡片给父母，问他们能为父母做些什么，这些孩子完全转变成另一个人了。全美国有 43 所大学成立了"YES ＋"俱乐部，康乃尔大学和其他几所大学甚至把"YES ＋"列为教学课程的一部分，选修"YES ＋"、静心和其他练习的学生可以拿到学分，我们必须教孩子静心和管理负面情绪的技巧。全世界都已承认了这个课程的好处，我希望印度的大学也能跟进。

问：对你最有启发的人是谁？

古儒吉： 有两本书你读过就会找到答案，一本是《喜悦上师》（ *Guru of Joy* ）、一本是《与我同行》（ *Walking the Path* ）。我应该说我的启发来自每一个孩子，我很想看到每一个人都能像孩子一样纯真无邪。当然，我必须说我母亲也是一个很大的力量，她始终都关心我要把事情做得更好。无论我做任何事，她都要求我一定要做得更好。因此，她始终都是我背后的推手。

问：社会竞争这么激烈，孩子没有时间放松自己，父母担心孩子无法适应这个社会。我们该如何处理这个情况？追求卓越的秘诀是什么？

古儒吉： 不要过度逼迫孩子，教导他们学会放松，音乐、静心和做游戏都有帮助。

问：孩子长大以后就不再关心父母，社会上到处都是养老院。我们做父母的哪里失败了？为了控制这种情势，你对父母有什么建议？

古儒吉：这就是我要强调三种信任的原因——信任自己、信任别人的善良、信任神明，一些宗教、道德和灵性价值，以及你对待自己父母的方式，并要求子女对待他们祖父母的方式，这些都会对他们产生影响。你要求孩子照顾他们的祖父母，他们就会听你的话。

问：现在的孩子受西方文化的影响越来越大，我儿子的牛仔裤如果只穿一次就洗，他就会生气。我们必须花更高的价钱去买破旧的牛仔裤，他喜欢穿那种破洞牛仔裤，我们该如何改变他的态度？

古儒吉：时尚流行随时在变，因此，你不用担心，这种流行从来不会持久。你要在孩子和他的朋友心里灌输这种觉察力，鼓励他们选择别的服饰风格。这也是我会劝父母要先做一个好叔叔和好阿姨的原因，你不能只关心自己的孩子，还要关心别人的孩子。每年至少在家里替孩子办 6 个派对，也让自己有机会和孩子的朋友互动。打电话邀请他们，在家里办睡衣派对，坐下来跟他们聊聊，跟他们分享一些故事，从他们身上找到方法。如果你每个月有两个周末这么做，你就能做出很大的改变。

问：请指导我教养特殊儿童的方法，"生活的艺术"课程能为他们做些什么？

古儒吉：只要服务他们就好，不要可怜他们，特殊儿童的灵魂处于一种不同的状态，他们不会有亏欠的心态，他们来到世间是为了接受别人的服务。了解这种心态后，你要服务他们。千万不要可怜他们——哦，可怜的孩子。有特殊需求的孩子，是来这个世间接受你服务的。

问：如何分辨孩子的言行或只是心情郁闷？

古儒吉：这种事可以察觉出来，这也是为什么了解孩子和他的交友圈如此重要的原因，你要了解他们在一起做些什么或者去些什么地方。你可以追查他们的行踪，尤其是青少年，青春期是一个很艰苦的时期，他们正经历一些生理上的变化，不会只满足于父母的关爱。他们的身体在经历一个不断发现的过程，他们想寻求家庭以外的爱——情感上的支持或生理上的快感，他们的心灵处于一个大混乱期。因此，与青少年孩子相处是一个重责大任，因此我们要专为青少年举办"YES！"和"YES＋"课程。我要告诉你，这些课程敞开了青少年的心灵，那种敞开的程度远非我可以形容的。

我们在新德里办过一次，总共有 1000 名青少年来参加。我们问孩子最不喜欢的人是谁？有 80％ 的孩子说他们最讨厌自己的教授，75％ 的孩子说最讨厌自己的父母。印度人有一个古老的说法："父母、老师和客人是最佳的榜样，也是神的显化。"听到孩子说他们讨厌自己的教授和父母，令人心惊胆战，我们要不计代价地清除教育制度里的暴力和压力。我们不要印度有美国一样的枪支文化，美国学校的教室里有好多暴力现象。据调查显示，目前的校园暴力事件比 20 世纪 90 年代增加了 3 倍。这样的校园非常危险，印度不可以有这样的现象。也因此我们要提倡道德和灵性价值，慈悲、友善和爱的伦理价值。

问：古儒吉，我父母不准我吃素，我该如何说服他们？

古儒吉：你应该很简单地告诉他们说："我想吃素。"他们会接受的。

问：古儒吉，我不相信上苍，这是不好的吗？

古儒吉：没有关系，至少你相信自己。你应该知道你是谁，你相信真理、诚实、爱和慈悲，这些都是上苍的力量。

问：古儒吉，我父母对我的爱多得让我感到窒息，我该怎么办？

古儒吉：这是双方面的问题。你有时候会感觉他们不爱你，这当然不是真的；有时候又感觉他们爱得太多，让你有窒息感。你该怎么办？你知道什么时候会有窒息感吗？当你想做坏事时；当你的意识告诉你，这么做不对，我不该这么做时，这就是你对父母有窒息感的时候。因为这种关心而感到窒息是好事，做坏事有愧疚感也是好事，你知道这对你是一个安全的警告。

问：古儒吉，音乐是我的生命，但我身边的人多数都吸毒或有坏习惯。我该如何在不受他们影响的情况下，继续玩音乐？

古儒吉：坚定你的立场，这么做是对的。

问：为什么有人说不要看动作片和恐怖片？看这种电影对心灵有影响吗？

古儒吉：你的看法呢？你看完恐怖片会做噩梦吗？如果会，你最好别再看了。好吧，一年可以看一部，因为那种电影产生的影响会持续很久，能不看最好不看。

问：古儒吉，我父母有时候会毫无理由地打我，我该如何既尊敬他们又接受他们呢？

古儒吉：他们不可以毫无理由地打你，等他们心情好的时候，请他们来上"生活的艺术"课程。说服他们来上"生活的艺术"的课程，我们会训练他们不再打你。

问：古儒吉，我参加课程时，所有的孩子都分享他们令人惊喜的经验，但我什么经验都没有。我觉得很好奇，也很想有那样的经验。我该怎么做？

古儒吉：你来参加课程已经让你获益了，否则你不会问这个问题。是的，不要和别人的经验比较。听一个人说他看到光，另一个又说他有什么什么的感觉，你就开始怀疑自己的经验并质疑自己了。千万不要这么做，好吗？

问：如何在一个竞争的世界里抚养子女？

古儒吉：世界始终都有竞争。过去的竞争，只局限在一个比较小的层面上，现在的竞争范围扩大了。我们需要灌输价值观给孩子，即使在真理时代里都有魔鬼为害。因此，不要责怪时代不同，你要尽力而为，把价值观灌输给孩子。

问：古儒吉，我想一生投入社服工作，但父母很没有安全感，我该如何让他们了解呢？

古儒吉：很好！跟他们解释，说服他们。如果你还在求学阶段，先完成学业后再来这里，不要中途离校。

问：我们该如何解决不断攀升的犯罪率和贫穷率？

古儒吉：由世俗主义转换到灵性主义是解决犯罪率的方法，一定要把灵性教育灌输给孩子。去除心里的贪婪是解决贫穷率的方法，每个人都要负起责任并自问："我能做些什么？"

问：亲爱的古儒吉，我两岁的儿子对外人很没有安全感。这种年纪的孩子都会这样吗？我该如何处理？

古儒吉：也许不是孩子没有安全感，一个两岁的孩子不会有不安全感，也许是你自己的投射。有时候，你会把太多的自己投射在孩子的感觉或所说的话上。尤其是祖父母，他们经常会这样。祖父会说："我6个月大的孙子看着我说：'爷爷今天不要散步，在家里陪我。'他用一双眼睛这么说。"婴儿什么话也没说，但爷爷却感觉他在说话。你很多感觉都是自己心理的投射。如果你感觉孩子有忌妒心，这也许是兄弟姐妹之间的争执。如果你有这种感觉，拍拍孩子，多给他们一些关爱就好。

问：我有时候会对孩子的学校很不满意，我该叫他退学待在家里吗？

古儒吉：不可以，只因为学校的环境不够好，就让孩子待在家并不好，孩子待在家会变迟钝。我们该做的是改善教育制度，这一点现在已经在做了，这也是我们开办很多小学的原因，我们目前在全印度办了 383 所小学了（可参考：http://www.careforchildren.org/index.html）。

问：处理宗教冲突的最好方法是什么？

古儒吉：每一个孩子都应该稍微了解全世界的文化和宗教，他们会对所有的文化有一份连系感。每个孩子都该对所有的宗教有一点了解：佛教、基督教、印度教等，孩子长大后比较会拥有开阔的心灵。无论到世界任何地方，都有回家的感觉，都有一份连系感。每个人都能做到这一点，因为我们都有互相连结的需要。事实上，你不需要刻意地努力，我们已经有连结了。

　　我还记得 25 年前在英国曼彻斯特发生的一件事，一个小女孩走过来问我："为什么全世界的人不能彼此相互连结呢?"我告诉她说，这是因为我们都执着于自己的身份。有身份是好事，但我们要超越这些。

问：父母为什么会对子女有那么高的期望?

古儒吉：再过几年，你就知道答案了，不过，到时候要记得你曾经问过这个问题。

问：你对老年的父母有什么建议?

古儒吉：父母也应该越活越快乐活泼，要越老越快乐。人活得越老就要笑得越开心——对自己这一生感到满足、圆满。你现在只要祝福年轻的一代就好，这就是成熟，这就是满足，这来自你对世俗事物越来越不执着的心态。忘怀那些让你不快乐的事，承担你的责任。只管去做，不要担忧。行动的人不会担心，担心的人不会行动。要有这种心态上的转换，否则，你就会怨天尤人——某某人老讲也不听，我的媳妇不听我的话。

你不该带着抱怨走进坟墓，只要做你能力所及的事，再慢慢扩展自己，我们需要用这种方式重新调整人生的方向。我们不是自满就是抱怨连连，这两种都不好，会使你依然毫无行动。另一方面，活到生命最后一刻还要挑剔别人，也是不好的事。我们违反自然律的程度越多，身体经历的痛苦就越大。你不应该被这一类的事情困扰，如果你想困扰，那就为世界的事困扰吧。

问：我们要如何发展全方位的人格特质？

古儒吉：几年前，我们的农村青年领袖（Yuvacharyas）要申请工厂执照，他们拒绝行贿。他们心平气和、信心十足地对承办人说，他们奉行"生活的艺术"的价值准则，所以不会送红包。即使承办人叫他们跑 50 趟，他们也不会送红包，结果那人很爽快地就将执照发给他们了。我希望你们都能成群结队以这种精神勇往直前。

在这里你们都有时间发展多面向的个性，应该尽力去开展各种才华。除了瑜伽、调息法和静心之外，我们也应该拓展自己的才华。应该要有些人来组织脱口秀、辩论和新闻等不同小组。不善于公开演讲的人应该多发表演讲，不会唱歌的人要多用麦克风，不会煮饭的人要多下厨，不过懂得饮食的人可能要头大了！

如果只做自己熟悉的事，生活就太乏味了，你们应该勇于挑战那些自己不熟悉的事物。有多少人一走进"生活的艺术"校园就感觉全身充满活力的？你们许多人远道而来，有多少人一走进来就有种不寻常的舒畅感？你们知道为什么会这样吗？（听众：因为有你，古儒吉！）

这是因为很多人在这里静坐，静坐提升了这个环境的能量。这就是静坐、知识和爱的功效。因此，我们需要维持这里的高能量，要做到这一点，你们就不要错过每天晨间的练习。我们这里有不同类型的瑜伽——运动瑜伽、村妇瑜伽、舞蹈瑜伽、动物瑜伽和哲学性的瑜伽等。

任何争执、说坏话或批评我们都可以避免，否则将这种感觉写在纸条上，再丢进"困扰篮"里。假如寝室有人打呼噜太大声，让你无法入睡，你要不是用耳塞，就是让他们所有人住进同一间寝室里，那一定是一场精彩的"交响乐演奏"，打呼噜没什么不对，只是我们要确定所有打呼噜的人都要在同一时间就寝，这样肯定就有交响乐演奏了（笑声）。

　　你们都不是这里的客人，你们都是主人，因此要有主人的样子。这地方是你们的，你们要营造出家的气氛。气氛已经有了，不过要自己感受。因此，你们都是主人，只有我是客人。让自己彻底放松像在家自由自在，这一点不用任何人告诉你们，你们都知道。

　　想写诗词、文章的人应该在这里进行，其他的一切都会是你们意想不到的！

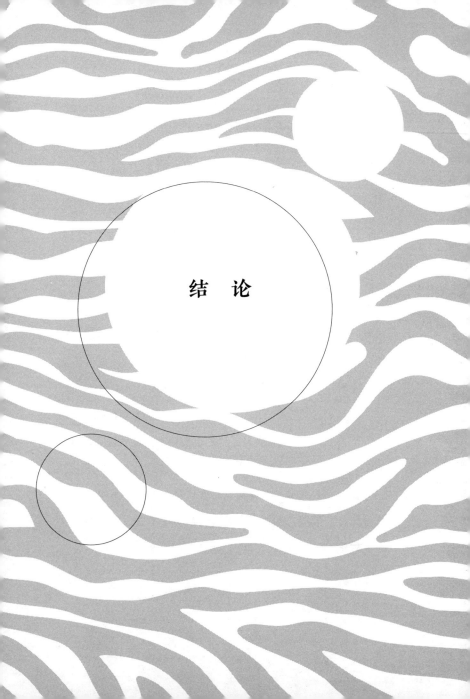

结　论

年轻人拥有最佳的机会，能为我们创造一个美好的新世界，目前这却处于停滞期。我们需要一种新典范式的转换，而这只能够从印度启动。

如果孩子需要父母的关爱，那父母就应该先满足他们，孩子的生命是宝贵的，父母应该牺牲一些自己的野心和安逸，陪伴他们一起成长，保护和照顾家庭应该尽可能列为第一。

老师在这里也要扮演重要的角色，老师要以身作则，树立好的榜样，因为孩子的眼睛是雪亮的。孩子的价值观只有部分来自父母，其他都来自老师，孩子的观察力比成人还敏锐，父母和老师的一言一行，他们都在观察。

父母和老师心平气和、稳定沉着时，他们会观察；父母和老师充满压力、不苟言笑时，他们也会观察，孩子通过观察模仿你。

我们需要拥有一个开阔的心胸。每一个孩子都应该对一些圣典有所了解。如果每一个国家都拨低于 2% 的政府预算在全球化的智慧教育上，那么世界上每一个孩子都会成长为一个快乐的人。

口碑推荐

我的孩子是完美小孩

魏怀隽

2006 年我和先生学了"生活的艺术"的课程，觉得古儒吉大师的智慧对我们的帮助相当大，理所当然也想叫孩子去上课，但是他们却怎么都不肯去，觉得这种东西很枯燥。两年前的农历春节，我们要去印度和古儒吉一起去佛陀成道的菩提伽耶旅游时，带着孩子一起去了。到了印度，上初二的女儿看到印度人很疯狂地追逐古儒吉大师，她心里十分排斥，生气地问我们为什么要带她去。我们吓得说，因为过年放假，爸妈很想去印度，如果把 3 个孩子丢在家里，会疏于照顾。

到了静心所，依计划大家上了适合自己年龄的课程。没想到在静心所上完第一天的课程，女儿就臣服了，因为她觉得古儒吉实在太厉害了。她说："原来得到的不见得是好，失去的也不见得是不好。"她非常喜欢古儒吉所讲的知识，每天上课都抄好多笔记，晚上还跟我分享。印度行之后，女儿每遇到新环境或重要比赛时，她都会做呼吸跟静坐的练习。

两个儿子到印度时没有很投入也没有反感，但他们上儿童课程时，却很喜欢，觉得很好玩。从印度回来后再叫他们去上课，他们就愿意了。比较常练习的小儿子，他本来不太写功课，上学迟到被骂也不在意。练了一年多，现在小学五年级了，不但会自己完成功课，也不迟到了，以前考试都考六十几分，现在都是九十几分。

老二以前脾气比较不稳定，一天到晚跟我说"NO"。因为偶尔有静心，现在读初中的他反而没有叛逆，人缘也很好。也许是我和先生态度转变了的关系，现在用古儒吉的智慧看待事物，对小孩都很满意，不再啰里啰唆。练呼吸练久了，我看先生也很满意，看孩子也都是超完美的。

我曾参加印度老师开的"如何教小孩"研习课，她要在场的父母把孩子所有的缺点写在黑板上，比如说：总是爱玩、不知道好好计划未来……看着写着满满缺点的黑板，老师说，这些缺点都是我们要修炼才能得到的，你看他们多么活在当下、多么无忧！

很高兴看到《认识你的小孩》出版，可以让更多父母和老师认识生活的艺术古儒吉大师的教育理念，让教养成为轻松愉快的事，让孩子快乐成长。我还是很喜欢这些理念的，希望有更多人和我同样受益。

天天生日快乐

陈忠庆

　　我曾是科技园区的上班族，责任制的 24 小时常态下，除了上班，比较少参加与工作不相关的活动。2009 年的一天，在一个工作空档（PS. 竟然有空档！），我两个儿子足球队的总教练给了我一份"生活的艺术"初级课程的资料。当时，我有些疑问。课程能带给我更多什么吗？我能学到些什么吗？……心想，即使没有，也可以多一些生活的体验吧。

　　当上完课，我惊讶地体验到：呼吸竟然能让人满头大汗！从此开启了我们一家人生活的艺术之旅，太太、女儿及两个儿子陆续也参加了课程。课程的收获，让我们家人之间增添了不少生活中有趣的互动。

　　孩子上完课程后，若有像鼻塞等身体不舒服的状况出现，在妈妈提醒要做呼吸法时，初期会有点勉强地说："知道啦!"但现在却会先做呼吸法调息后,再回答:"好了!"看似普通的生活点滴,我心中暗暗地告诉自己:他们应该会借着课程中学到的呼吸法或其他技巧,运用在生活中的各种状况吧!

学完课程后的这几年,孩子们在课业及各自活动中,常克服了难以想象的困难。虽尝过了无数的失败,却也练出了独立生活的技巧。女儿玟瑀就读高中舞蹈班时,读书刻苦耐劳,作业做得更棒!为了保持灵活性与韧性,她卖力找老师练习,坚持经常观摩优秀表演者的演出。想不到曾经紧张、慌乱与不稳的她,现在变得从容、淡定与果决,每一个动作都十分准确、到位,可以克服以前所有的限制,真是太令人难以置信了。今年她还圆了考上理想艺术大学的梦,我们做父母的能感受到孩子的转变。她说:"是的!我还可以做得更棒!"

念高二的大儿子毅铭,接触课程后,比较能主动找方法解决问题,变身阳光男孩,视野更有广度,思考也颇有深度。当老师或长辈有活动时,他承担起义工的工作,表现得更是可圈可点。至于念小学三年级的小儿子建智,对自己的目标也比较清楚肯定，偶尔会跟妈咪撒撒娇，虽有调皮的时候，但很贴心！

很高兴读到《认识你的小孩》这本书，书中的内容，让我经历了一番观念的洗礼，身受其益，除了健身养颜，思虑清晰，希望能持续运用当中的理念，带领孩子未来的成长与享受快乐，天天生日快乐（有生之日，天天快乐）！

生命的成功是用你微笑的程度来衡量的。

附　录

古儒吉大师

爱与喜悦的化身　用爱转动世界

印度伟大的灵性上师——诗丽·诗丽·若威香卡（His Holiness Sri Sri Ravi Shankar，一般称呼为古儒吉大师），是一位绝妙、优雅而罕见的精神导师，曾被印度前总理拉吉夫·甘地赠予"瑜伽至高无上师"的头衔、三度被提名诺贝尔和平奖、2006 年于印度带领来自全球 150 多个国家、逾 250 万人静坐，齐为世界和平祝祷。

古儒吉大师，是来自印度南部班格罗的开悟圣者。幼年时期的大师即显露超凡特质与智慧，深沉的灵性体验陆续受到许多启明圣者的启发与认定。天生资质使大师在 17 岁时，即完成现代科学的大学教育，并精通印度传统的吠陀科学，包括阿育吠陀医学中的智慧精华，使他对人类身、心、灵运作与心智 / 意识与健康的关联有深刻体认。

1982 年，他自静心的宁静中带出了"生活的艺术"课程与"净化呼吸法"。净化呼吸法是一种独特与极具威力的呼吸方法，可以快速消除人们的紧张、压力与负面情绪，使人摆脱各种烦忧而体验到完全活在当下的生命滋味。它不仅能够促进身、心、情绪的整体健康，并能提升灵性的成长，使人获得健康、喜悦、圆满与自在的人生。

到目前为止，这套古儒吉大师所独创的呼吸法，通过他所设计的生活的艺术课程，已经推广遍及全球 150 多个国家，嘉惠全球逾 3000 万人。不同国籍、种族、文化、宗教、教育与社会阶层，皆有数以万计的人，生命因此出现了深远的转变。

1986 年，大师接受印度总理拉吉夫·甘地颁赠"瑜伽至高无上师"的荣誉，表扬他在身、心、灵的统合已臻至最高境界，足为世人的灵性上师。1995 年联合国五十周年庆时，他受邀演讲，呼吁世人注重人性价值的提升与灵性教育的重要。1998 年，总部位于瑞士日内瓦的国际人性价值协会成立，古儒吉大师是主要的创始会员之一。

古儒吉大师是生活的艺术基金会的创始人。这是一个联合国的非政府组织，其他尚有许多致力于社会服务与提升人性价值的人道主义组织在他的感召下一一成立。"服务是喜悦与爱的表达"，大师说："问自己'如何才能使自己对周遭及全世界的人有用处?'那么你的心灵将会开始绽放，而一个完全、崭新的生命就开始了。"

古儒吉大师每年访问 30~40 个国家，当他在世界各地演讲时，他所讲的并不局限于任何宗教，只是道出生命的共同真理。他提醒人们，所有伟大的精神传统都具有共同的目标与价值。他鼓励所有不同宗教与文化传统的人共聚一堂，欢欣庆祝。他所展现的博爱、所提出的实用智慧与全心投入服务人类的专注精神，鼓舞了世界各地无数的人们。他为修行带出一片完全崭新的领域，并为之注入了一股清新的、年轻的、充满了欢笑与喜悦的精神。

大师所传授的智慧义理既深奥又实用，亲近他的人们可以体验到超越言语无比深邃的宁静，与他接触的人们惊讶于齐聚他一身的欢乐、爱心、诗意、睿智外加顽皮的眼神。

生活的艺术
身心灵整体发展及减压课程

　　生活的艺术提供一种结合古老智慧精华及现代科学精华的课程。针对不同年龄层的需要（儿童、青少年、青年、成人）及社会不同阶层（乡村地区、政府、企业团体等）所需，而有不同的课程设计，课程强调的是促进全面性的生活，与个人的自我成长。

　　生活的艺术课程有利于促进个人潜能完全开展，各类课程都以净化呼吸法（Sudarshan Kriya）为基石，这是一种独一无二、强效有力的呼吸方法。

身心灵成长与减压课程
健康快乐课程（初级课程）

甩掉疲累、紧张、郁闷、疼痛

让生命与大自然韵律协调

活出健康活力、美好的人际关系，以及卓越的自己

根据印度班格罗医学院的临床研究指出，净化呼吸法的功效如下：

- 对于"减压"、改善失眠及抑郁症的情绪困扰有显著的效果。

- 能降低有害人体的低密度胆固醇，提升有益人体的高密度胆固醇，因此可以改善与减少心血管疾病。

- 能提高体内抗氧化酵素，减少自由基的产生和累积，有助于延缓老化及预防慢性病的产生，让身体更年轻、更健康。

身心灵成长与减压课程
生活的艺术 Part II 课程

- 专为已完成生活的艺术初级课程的学员所设计的进阶课程。

- 让参加课程的学员有一个宝贵的机会，深入自己内在的宁静中，进行深度的身心灵洗涤与净化工作，让人完全不费力地解决生命中的难题。

- 课程设计得生动活泼、多姿多彩，欢欣的歌唱与舞蹈自然产生，运用许多古代灵修的方法，如禁语、瑜伽、手印、动态静心、空空洞洞等引导静心的方法。

- 5~7 天的住宿避静课程结束后，身体上获得充分的休息，消除情绪上的垃圾包袱，让心灵上获得充沛的增长，整个人焕然一新，能量与热忱苏醒，洋溢充足的活力，朝向更大的成就迈进！

全方位卓越训练课程
（ART Excel）

- 适合 8~10 岁儿童。

- 开发孩子的心智潜能，提升学习效率。

- 强化孩子的领导特质，清除负面情绪。

- 增进孩子与人相处的能力、能量及活力。

- 改善孩子的健康。

- 发挥孩子天赋的想象力与创造力。

- 让生命中的每一件事都变得轻松有趣。

青年活力营（YES!）

- 适合 13~17 岁青少年。

- 消除内在的紧张、压力和负面情绪的约束，以开发内在各种潜能。

- 能够轻松应付课业问题，创造更佳的表现，享受生活的平衡。

- 提供身体、情绪、心智上与精神上的训练，以加强身、心、灵整体的成长。

- 特别的技巧与方法，让青少年烦闷尽消，活力与热忱无限。

- 提升内心无限宁静，增强记忆、理解与专注能力，对自己充满了信心。

青年领袖生活营（YES+）

- 适合 18~30 岁大专生与职场新鲜人，把握青春好时光，疯狂地玩，专心念书，培养职场软实力。

- 6~7 天的课程内容，包括：人际沟通与互动学习、领导统御能力训练、团队工作的秘诀、个人身心潜能的开发。课程中也教导瑜伽、净化呼吸与静坐。

- 学习自我管理的诀窍，学习力、创造力自然涌现。将来进入职场时，面对压力时，依然有高超的表现。

- 具备领导统筹才能和良好的沟通技巧、人际关系，让你专注、稳定、健康快乐地享受成功人生，找到属于自己的财富。

自然三摩地静心法

- 简单、易学、功效不凡。

- 20 分钟的静心，相当于 8 个小时的睡眠；提供深度休息，松弛紧绷的神经，并消除负面情绪如愤怒、焦虑、恐惧与挫折感等。

- 使头脑获得充电，让思想变得敏锐，提升智力，专注力、理解力、记忆力、创造力、决策能力等轻易倍增，无论读书、工作效率都可大幅提高。

- 滋养内在灵性，开发未知潜能，并让人保持平和心境，为人际关系加分，幸福美满就在当下。

DSN 课程

- 突破自己的障碍、难改的积习、摆脱不掉的束缚、自我的限制等。

- 充分地活出生命的多彩与丰盛。

- 让你对自己、家庭、亲爱的人、社会，甚至对整个世界都有所贡献。

- 增强自信，让你不再逃避问题，而是面对挑战，解决问题，你还会自由及茁壮到足以去帮助别人，利益大众，并创造理想和谐的社会。

诗丽诗丽完美瑜伽课程

- **完整的身心灵瑜伽**

不强调高难度动作，是着重身心灵整体开展的瑜伽。有完整的瑜伽哲学与理论基础，并运用呼吸的奥妙开创觉知。

- **简单、易学、有趣、欢愉**

讲究自然、轻松、不费力、趣味的学习，让瑜伽的学习成为一件欢愉的事。

- **体验瑜伽精髓**

有效的带领，让任何初学者，皆能享受瑜伽所带来的松弛效果，体会身心合一的精髓。

- **功效卓著、口碑不凡**

6天的学习带来健康、活力及喜悦。疗愈的功效与觉知的开创更是令人啧啧称奇，感觉身体像花朵绽放，舒服且能量提升。

企业减压训练课程

- 提升生命的质量，在面临任何挑战或危机时，仍然拥有不可动摇的平静和头脑的清晰。
- 可以提高专注能力、创造力，并增加工作的效率。
- 广受世界银行、壳牌石油、甲骨文、升阳、思科、摩根士坦利等全球知名企业的肯定。

图书在版编目（CIP）数据

认识你的小孩 /（印）古儒吉著；生活的艺术编译
小组译 . -- 北京：中国青年出版社，2020.7
ISBN 978-7-5153-6100-0

Ⅰ . ①认… Ⅱ . ①古… ②生… Ⅲ . ①青少年教育—
研究 Ⅳ . ① G775

中国版本图书馆 CIP 数据核字 (2020) 第 126324 号

认识你的小孩

作　　者：［印］古儒吉
译　　者：生活的艺术编译小组
责任编辑：吕　娜

出版发行：中国青年出版社
经　　销：新华书店
印　　刷：三河市万龙印装有限公司
开　　本：787×1092 1/32 开
版　　次：2020 年 8 月北京第 1 版　2020 年 8 月河北第 1 次印刷
印　　张：6
字　　数：100 千字
定　　价：69.00 元
中国青年出版社 网址：www.cyp.com.cn
地址：北京市东城区东四 12 条 21 号
电话：010-65050585（编辑部）